U0836736

中国财政科学研究院智库丛书

城镇化、债务融资与风险防控

中国财政科学研究院　编

中国财经出版传媒集团
中国财政经济出版社

图书在版编目（CIP）数据

城镇化、债务融资与风险防控/中国财政科学研究院编．—北京：中国财政经济出版社，2016.9

（中国财政科学研究院智库丛书）

ISBN 978-7-5095-6863-7

Ⅰ.①城…　Ⅱ.①中…　Ⅲ.①城市化-研究-中国②地方财政-债务-融资-研究-中国　Ⅳ.①F299.21②F812.7

中国版本图书馆 CIP 数据核字（2016）第 160622 号

中国财政经济出版社出版

URL：http：//www.cfeph.cn

E-mail：cfeph@cfeph.cn

社址：北京市海淀区阜成路甲 28 号　邮政编码：100142

北京京华虎彩印刷有限公司印刷

787×1092 毫米　16 开　13.25 印张　233 000 字

2016 年 10 月第 1 版　2016 年 10 月北京第 1 次印刷

定价：38.00 元

ISBN 978-7-5095-6863-7/F·5517

（图书出现印装问题，本社负责调换）

质量投诉电话：010-88190744

打击盗版举报热线：010-88190492，QQ：634579818

总　　序

党的十八届三中全会在明确“完善和发展中国特色社会主义制度，推进国家治理体系和治理能力现代化”这一全面深化改革总目标的同时，提出了“财政是国家治理的基础和重要的支柱”的重要判断，充分彰显出财政在国家治理现代化之中的地位与作用。

强调发挥财政在国家治理中的基础和重要支柱作用，是与我国经济社会发展阶段相联系的。在改革开放初期，政府的作用是促进改革和开放，财政改革主要是推动政府职能转换、改进政府与市场关系，让市场在资源配置中发挥更大的作用。随着我国经济社会转型进入新的阶段、国家实力逐渐增强以及大国财政使命的提出，财政在改革和发展中的作用日趋多样化、全方位，涉及经济、政治、社会、文化、生态文明建设各个领域。

在市场经济不断发展的基础上，社会结构及其整个上层建筑都发生了极大变化，社会成员利益关系变得复杂起来。在经济进入新常态的背景下，这种复杂的利益关系对于财政在国家治理中作用的发挥是一个新的考验。改革开放初期，财政政策着眼于关注国内，对于国际环境关注不多，现在财政政策的一举一动都对世界经济产生重要影响；改革开放初期，财政主要解决温饱问题，经济建设成为财政工作的突出任务，现在财政既要解决发展问题，又要解决改革问题，经济、社会、政治、文化和生态文明要协同发展；改革开放初期，中央和地方财政实力虽然都较弱，但地方政府债务也少，现在国家财政实力快速扩张过程中也面临着地方政府债务特别是或有债务快速扩张的问题，财政自身可持续性发展面临挑战。

财政作为国家治理的基础正在发生多维变化。改革开放初期，财政主要从经济维度发挥国家治理基础性作用，主要是处理好政府与市场的关系；在经济社会转型、利益关系多元化背景下，财政要从多维度支撑国家治理：既有国家与市场的维度，也有国家与社会（个人）的维度，以及公共部门内部（包括中央与地方、政府部门之间）的维度。

随着财政发挥作用的多维变化，财政理念也随之发生变化。改革开放初期，政府在市场失灵的领域提供公共服务；随着时代的进步，政府承担的各种责任（城镇化、养老、医疗、教育、环境保护等）在不断增加，在政府能力有限的情况下，政府与社会资本合作呼之欲出。政府和社会资本合作打破了传统主流经济学、财政学的基本看法：政府与市场是水火不相容的，二者是对立的；公共服务领域是市场失灵的领域，只能由政府来干。过去注重政府与市场之间的分工，现阶段则注重在分工基础上的合作。政府与市场关系需要进行再改革，一些新的问题又随之产生：在多元主体提供公共服务的同时如何保障社会公共利益，如何理顺政府与社会的关系，如何理顺政府内部如中央和地方之间、政府各部门之间的关系等。财政全方位、深层次嵌入国家治理体系和治理能力现代化之中，带来了许多需要用全新理论诠释的问题，也考验着各方面的智慧。

面对新阶段、新形势和新任务，财政如何有效支撑和推动国家治理现代化更需要新思路、新思想，财政智库或财政思想库也应运而生。可以说，财政智库是财政有效支撑和推动国家治理现代化的思想源泉，也是点亮财政作用于国家治理的“智慧之灯”。发达国家在财政现代化和国家治理体系与治理能力现代化过程中，财政智库的作用功不可没。要发挥好财政作为国家治理基础与重要支柱的职能作用，财政智库的基础性作用更是不可替代。

第一，财政智库是推进国家治理决策的科学化、民主化和法制化的重要支撑。当前，全面建成小康社会进入决定性阶段，破解财政改革发展稳定难题和应对全球性问题的复杂性艰巨性前所未有，迫切需要健全中国特色的财政决策支撑体系，大力加强财政智库建设，以财政科学咨询支撑财政治理的科学决策、民主决策和依法决策，以财政科学决策引领科学发展。

第二，财政智库是国家治理体系和治理能力现代化的重要内容。纵观当今世界各国现代化发展历程，智库在国家治理中发挥着越来越重要的作用，日益成为国家治理体系中不可或缺的组成部分，是国家治理能力的重要体现。全面深化改革，推进国家治理体系和治理能力现代化，推动协商民主广泛多层制度化发展，建立更加成熟更加定型的制度体系，必须切实加强中国特色新型财政智库建设，充分发挥智库在治国理政中的重要作用。

第三，中国特色新型财政智库是国家软实力的重要组成部分。一个大国的发展进程，既是经济等硬实力提高的进程，也是思想文化等软实力提高的进程。智库是国家软实力的重要载体，越来越成为国际竞争力的重要因素，在对外交往中发挥着不可替代的作用。树立社会主义中国的良好形象，推动中华文化和当代中国价值观念走向世界，在国际舞台上发出中国声音，迫切需要发挥中国特色财政新型智库在公共外交中的重要作用，不断增强我国在国际财经和公共事务的国际影响力和国际话语权。

正是考虑到智力资源是一个国家、一个民族最宝贵的资源，考虑到我国智库发展面临的各种瓶颈，2015 年 1 月，中共中央办公厅、国务院办公厅印发了《关于加强中国特色新型智库建设的意见》，提出加强智库建设整体规划和科学布局，统筹整合现有智库优质资源，重点建设 50～100 个国家急需、特色鲜明、制度创新、引领发展的专业化高端智库。

中国财政科学研究院的前身财政部财政科学研究所（财科所），于 1956 年根据毛泽东主席的指示而成立，2016 年 2 月正式更名。60 年前财科所成立之初，就定位为政府部门的政策咨询机构，以探索我国财政经济问题和培养财政、会计专门人才为己任，为党中央和国务院中心工作服务，为财政经济发展的现实服务。为此，一代又一代财政科研人员为我国财政科研事业做出重要贡献。60 年后的今天，中国财政科学研究院正致力于转型、创新，努力创建一流新型智库。

根据智库建设与发展的规划，本院推出“中国财政科学研究院智库丛书”。该丛书内容既包括本院各年度重要《研究报告》的文集，也包括本院承担完成的一些重大科研项目成果，以及本院研究人员研究、撰写的各类专著。目的在于集中展示财科院的科研成就，扩大科研成果的宣传和社会效果，全面提升财科院的智库影响力。

不忘初心，砥砺前行。我们将明确智库建设的宗旨，在传承既有科研优势和办院特色的基础上，探寻新型高端智库建设的途径，潜心探索财政与国家治理的新理论、新观点、新思路、新对策，与各界同仁一道，共同致力于现代财政制度建设，开创国家治理现代化之美好未来。

“中国财政科学研究院智库丛书”编委会

2016年7月

我们需要什么样的城镇化

（代序）

刘尚希

城镇化不是单一的经济过程，而是经济、社会、文化与政治复合转型的过程。如果把人类社会比作一个有机体，那么城镇化就不只是社会这个有机体发生的种种物理变化，如空间、状态的改变，而且还包含着种种聚合、分解和再聚合的类似化学变化过程，会给这个社会带来许多不曾有的新东西，包括经济的、社会的、文化的、生活的、交往的、观念的、制度的、道德的等等各式变化。但社会的“化学反应”是难以控制和预料的，这是一个自我组织过程，谁也不知道，在众多经济、社会、文化元素相互反应之后会产生什么样的新东西。这个过程本质上是不确定的，而且会变得越来越复杂，因而总是伴随着公共风险。

公共化，这是把握城镇化内涵最重要的方面，是城镇化的本质。以工业化为基础的城镇化，形成了新一轮的公共化过程，衍生出不同于乡村文明的城镇文明。它区别于乡村文明的地方，就在于公共化达到了一个更高的程度。随着集中化、组织化和规模化的推进，公共化过程就会凸现出来，产生大量公共性问题，带来大量公共事务和公共需求。社会的现代性，实质上就是公共性。公共文化、公共道德、公共规则和公共选择等公共化问题就成为维系现代城镇文明的核心内容，是通往人类未来文明的桥梁。但人们对公共化的认识和相关的知识至今都是零碎，因此，公共化总是伴随着不确定性的放大和公共风险的增加。其实，各种公共形式的外壳总是裹着各式各样的公共风险。城镇化，意味着我们要与不曾碰面的各种新的公共风险打交道。

城镇化可以规划，规划本身也是人类历史上城镇化风险与危机的负反馈结果，但难以设计。当今的人们难以设想未来的城镇化会是什么模样。因为城镇化不是发生在一个静态的、单独的地理单元，而是全球互动的。我国东部许多新型城市的兴起，就是参与全球化过程的结果。经济的全球化带动了我国的城镇化。地球上已有超过一半的人居住在城镇，在全球化浪潮中，"地球村"正向着"地球城"演变。这是一个网络化的复杂过程，城市、小镇、乡村都将纳入到这个网络中来，将地球的各个角落紧密地联系在一起。但城市主导的这个包含经济、社会、文化的复杂网络并未定型，人类至今不知道它将会向什么方向演变。全球的城镇化仍处于探索之中，并未终结，发达国家也是如此。

城镇化的动力来自于劳动分工的深化。劳动分工越细，专业化程度越高，相互之间的协作就越是紧密。依赖协作的专业化分工产生了更高的经济效率，更带来了空间形态上的集中、积聚和专业形态上的规模化，由此带来了产业分工的细化和产业协作的网络化。如果缺乏这个基础，城镇化是不可能发生的。农民变市民，与其说是社会身份的转变，倒不如说是因劳动分工导致的职业身份转变，即在专业化程度更高的非农产业就业。劳动分工奠定了农民市民化的经济基础，而农民社会身份的转变，只是适应劳动分工深化而延伸到社会领域的变化。就此而言，城镇化进程取决于劳动分工深化以及在此基础上的产业发展。显然，这是一个市场推动的自然发育过程。

针对城乡分治的体制，政府的首要任务是引导和推动改革，清除城镇化健康发展的体制障碍。消除城镇化的体制障碍，决不应是基于城镇自身利益的考量，而是从全体社会成员共同的发展成果能否共享而得出的。站在这样的角度来观察，当前制约城镇化的体制障碍主要在两方面：一是农民出村的障碍。农民的财产权不可交易，无法像城里人一样，其财产可自由转移，农民被束缚在传统的财产关系之中，自然也就无法从市场获得财产性收入，如房产增值收入、土地增值收入等。二是农民进城的障碍。这主要是户籍制度及与之挂购的公共服务待遇。两个障碍就像两堵墙，会使城镇化变成一个封闭的孤岛。这样一来，我国的城镇化就会有“胎死腹中”的风险。撇开了农村、农民和农业，城镇化就只是一个空壳而变得毫无意义。城镇发展，不等于城镇化。政府应从社会进化和社会网络化的角度来看待和规划城镇化，促进社会平等，进而促进经济质量提升。

目录 ■■■■

宏观调控与风险治理

刘尚希

宏观调控是政府的一项重要职能。转变政府职能，其中自然也蕴含着宏观调控要创新。而要创新宏观调控，一个重要的前提是，重新认识宏观调控，避免认识上的误区和盲区。在党的十八届三中全会关于全面深化改革的决定中，宏观调控的要点应当说相当清晰，包括：一是防范区域性、系统性风险，稳定市场预期，这是目的；二是保持经济总量平衡，减弱经济波动的影响，这是途径；三是以财政政策与货币政策为主要手段；四是相机抉择，这是方式；五是参与国际经济治理。但结合以往的宏观调控实践来看，上述这些要点真正得以贯彻并非易事。在我们长期形成的宏观调控的认识中，还有不少模糊之处，亟待澄清。

一、宏观调控是治理宏观风险，而不是干预市场

宏观调控的目的是防范区域性、系统性风险，即治理宏观风险，或说经济领域的公共风险。经济运行总是会产生不确定性，进而带来风险。但风险有两种：微观风险和宏观风险，前者是交由市场来处理，微观主体企业自己来化解。例如市场风险、财务风险、信用风险、操作性风险等，在市场竞争过程中总是存在，不需要政府去干预。而对于宏观风险，则往往需要政府来防范与化解，例如通货膨胀、经济波动、金融海啸、外来冲击等等，这类风险是系统性的，微观主体无力去防范与控制，要靠政府采取措施来应对。对于这两类性质不同的风险，长期来混为一谈，以至于出现各种“干预市场”的观点。把宏观经济风险的存在视为“市场失灵”的表现，同样是因为混淆了这两类风险所致。政府与市场是经

济系统中不可或缺的两个基本要素，二者是分工合作的关系，而不是相互替代。所谓“市场失灵”需要“政府干预”的流行看法，是导致政府“缺位”、“越位”和“错位”的重要原因。要让市场在资源配置中发挥决定性作用，就需要政府“归位”，有效治理宏观经济风险，这样才能真正稳定市场预期，让市场机制发挥决定性作用。例如，对某种产品价格的干预、对微观金融风险的兜底、对企业产能的裁定等等做法，都是在干预市场，妨碍市场决定性作用的发挥，而不是宏观调控。

二、宏观调控首先是一种责任，而不是权力

由于宏观经济内生的不确定性及其公共风险的存在，政府宏观调控不可或缺。但宏观调控首先是政府的一种责任，而不是权力。这种责任是基于经济分工形成的，市场在微观领域发挥配置资源的决定性作用，政府在宏观风险治理方面承担责任。宏观经济风险因经济全球化而呈现为不断扩散的状态，政府作为公共主体承担着防范化解宏观经济风险的职责也相应地变得越来越重要。可长期来把这个问题给颠倒了，不是当作一种责任来履行，而是仅仅当作一种权力来行使，并不惜采取强制力来实施，并美其名曰树立政府权威，保持政令畅通。宏观调控一旦变为一种权力、权威，就不再是宏观调控，而是行政干预市场运行。宏观调控必须在“宏观领域”，实施调控的主要手段是财政货币政策，即通过对经济参数（通胀率、利率、投资率、消费率等）的影响来发挥作用，从而防范化解宏观经济风险。把宏观调控视为政府权力的观念根深蒂固，导致宏观调控变形走样：宏观调控变为微观干预，经济调控变为行政命令，宏观风险治理变为微观风险兜底。显然，这种观念将会扭曲政府与市场分工合作的关系。

宏观调控的作用是减少经济波动。这其中很容易产生背反的风险。经济波动小，宏观调控就无用武之地；宏观调控要有用武之地，经济波动大才是。如果过于强调宏观调控的必要性、重要性，那必须先假定经济波动大起大落不可避免。否则，宏观调控就没那么重要了。但当宏观调控从一种责任变异为一种威权时，经济不想波动都难。只有让宏观调控从一种权力回归到一种责任，才能真正达到治理宏观风险的目的。

三、宏观调控只是针对总量平衡，而不能包医百病

宏观调控的作用对象是经济总量问题，即社会总供给与社会总需求的平衡。由于总供给属于长期性问题，政府可以在短期内发挥作用的是在需求侧。因此，宏观调控实质上是需求管理。在不同国家的叫法不同，但原理是相通的，即通过财政货币政策影响社会总需求，促进社会总供需平衡，减缓经济波动。由于对宏观调控的认识出现偏差，在我国过去的实际操作中，宏观调控实际成了一个“筐”，什么都往里装。有一种倾向，凡是与经济有关的问题，都归结到宏观调控上，如过去有“银根”一说，意指货币的松紧；后来出来“地根”的说法，把土地供应也归结到宏观调控。粮食安全问题、农产品价格、房价、产能过剩等等，都纳入宏观调控的范围。这使得宏观经济只有“调控”而无“管理”，导致许多重大问题，带有全局性、长期性、基础性、战略性问题，也随着宏观调控的节奏而变化，变得时而重要，时而次要；时而刹车，时而加油。如电力、猪肉、棉花，过去都是一会儿多了，又一会儿少了；其政策是时而限制，时而鼓励。这实质上是在实施行政调控。最典型的莫过于扩大内需（主要是消费）的战略，1998 年就提出来了，但却当成了宏观调控的应急任务，2002 年之后，随着当时那一轮“保增长”的宏观调控任务结束，扩大内需也随之退出了，直到十年之后的 2008 年底的国际金融危机冲击，才使我们再一次想起了扩大内需。宏观调控的扩大化，不但不能解决问题，反而掩盖了风险，导致风险累积、后移。这方面的教训不少，值得总结深思。

四、宏观调控是化解短期风险，而非治理长期风险

宏观调控带有应急的性质，应对的是短期宏观风险。对于这一点，现在已经有所认识。近两年来经济增长明显放缓，但宏观经济的短期风险并未明显扩大，也就不需要采取宏观调控措施。与短期风险相比，当前面临的长期风险——中长期不可持续的风险凸显，转方式、调结构，是治理长期宏观风险的基本路径。宏观调控让位于转方式、调结构，也就在情理之中。前不久的政府工作报告明确提出了“底线思维”，经济运行只要不突破底线，宏观调控就不需要出手。不难看

出，宏观调控优先的短期操作思维有所淡化，长期风险治理摆到了越来越重要的位置。

而长期风险治理依赖于宏观管理体系的健全和完善。对此，一直认识不足，过去长期来都是以宏观调控代行了宏观管理的任务，宏观管理长期缺位。宏观管理缺位，宏观经济中的各种深层次矛盾和问题长期得不到解决，以宏观调控的方式去解决，能缓解一时，治标不治本。深层风险不断积累，导致各种矛盾和问题此起彼伏，按下葫芦浮起瓢。如发展方式问题、产业结构问题，说了多年，但进展不大。问题越多，宏观调控就越发显得重要，就越是要强化；宏观调控越是强化，越是替代宏观管理，宏观管理越是缺位，问题就越多，由此形成恶性循环。要破解这个循环，必须让宏观调控“归位”，让宏观管理“到位”，形成短、长结合的宏观风险治理机制。唯如此，更好地发挥政府的作用才能实现，市场发挥决定性作用也才有可能。

基于公共风险与财政风险的公共服务评估

——兼论财政是国家治理的基础和重要支柱

刘尚希　李成威

传统理论将公共福利和市场失灵作为政府职能和公共服务分析的基本依据。在分析市场失灵时，传统理论要求发挥政府职能作用。在分析政府失灵时，传统理论又希望尽可能发挥市场机制以弥补政府失灵。在市场失灵和政府失灵的循环悖论问题上，传统理论走入了死胡同。因此，对政府职能界定和公共服务水平确定，必须跳出传统理论的思维定式，通过理论创新寻求更有解释力的分析框架。

一、公共服务评估：一个分析框架

为什么需要公共服务？多大范围和数量的公共服务是合适的？提供公共服务的钱从哪里来？公共服务水平受到什么条件制约？回答上述问题，需要从公共风险理论出发对公共服务及其相关概念的功能和实质进行讨论。

（一）公共服务的功能和实质：公共风险治理

对公共服务功能的讨论源于对政府职能的讨论。亚当·斯密最早对政府的职能做出了界定，认为政府有三项职能：一是保护国家不受外来侵略；二是保护社会成员不受任何其他人的侵害和压迫，建立公正的司法机关；三是必要的公共工程建设。[①] 至于政府的职能是由什么决定的，斯密并没有作进一步的阐述，而是

① Adam, S. 1776, The Wealth of Nations. London: J M Dent and Sons.

运用“排除法”和经验观察直接得出的。即假设自由市场经济是天然合理的（具有公平与效率），在这个前提下，只有市场无法发挥作用的领域，才是政府活动的范围。所以，斯密以“市场能干的，政府就不要去干”为标准，判定政府应只是一个“守夜人”。如果市场不存在失灵的领域，那么，按照斯密的逻辑，政府也没有存在的必要。西方财政学后来的发展基本上都没有离开斯密的这个逻辑，只是充实了一些新的内容。这主要有两个方面：一是福利经济学。从社会福利最大化的角度，承认自由市场经济不能达到帕累托效率，需要政府来干预。这给政府职能的决定提供进一步的规范性解释，即借此可以回答“政府应该干什么”以及公共支出应该配置到什么范围。但注重规则和过程而不看重结果的布坎南对此表示强烈反对，认为“社会福利”是一个虚幻的概念，不存在所谓的“社会福利函数”。因此，在布坎南的分析中丝毫见不到福利经济学的影子。[①] 二是公共产品（公共服务）理论。[②] 这在古典经济学的早期就已经萌芽，后经威克塞尔、马斯格雷夫、萨缪尔森等人的努力，公共服务理论才真正成型。公共服务具有“非竞争性”和“非排他性”两个特征，这决定了公共服务不可能由市场来提供，而只能由政府来完成。现在，公共服务理论实际上已经扩展为解释国家职能的理论，布坎南在他的《公共财政》一书中把共同防御、法律和秩序、环境控制、货币稳定、管理措施以及再分配都视为公共服务。这样，广义的公共服务理论给政府的存在以及政府干预提供了一个更详尽的解释。

但这种在“市场失灵”基础上比照私人服务来分析公共服务的方法，依然没有摆脱“排除法”的局限性，即公共服务在逻辑上依附于私人服务而存在。把除“私人服务”之外的所有服务统统都归属于“公共服务”的思维逻辑，无异于说，公共服务决定于私人服务，进一步的推论就是，公共支出的范围决定于私人服务存在的范围。这使公共服务理论缺乏一个独立的稳固根基，而且也使对性质上与私人服务完全不同的公共服务的分析缺少独立的方法，导致市场分析方法滥用，以至于公共服务的提供问题一直未在理论上有新的进展。

其实，只要我们稍加分析就可以发现，公共服务与私人服务的性质完全不同，前者是不可能由后者来决定的。那么，公共服务的形成是由什么来决定的

---

① 布坎南：《公共财政》，中国财政经济出版社 1991 年版。

② 理论上，公共产品与公共服务是等价概念。为了与本文主题用词保持一致，以下均用公共服务的表述。

呢？或者说，为什么会存在公共服务？我们认为，公共服务是由公共风险决定的。政府提供公共服务的过程，也就是公共风险治理的过程。[①] 每一种公共服务都是为治理某一种公共风险而“设计”的。如果把公共风险比作危害社会的魔鬼，那么，公共服务就是一只魔瓶。公共服务的存在，使危害社会的魔鬼就会化解于无形。可一旦它被打破，公共风险这个魔鬼就会显露原形，危害整个社会。如“公共安全”是一项典型的公共服务，若是它被“打破”，则就意味着生命与财产随时都有可能被剥夺。再如“环境控制”，如果取消关于环境的各种法规和措施，那我们赖以生存的家园都将遭到破坏。如果说，从历史的角度来看，现在已有的公共服务表现为一种结果，那么，从未来的角度观察，政府即将提供的公共服务则是化公共风险治理的手段和工具。[②] 从这里不难看出，公共风险是推动公共服务“更新换代”的原动力。事实上，政府的职能在这里也得到了一种实证性的独立解释，政府职能及其变化决定于公共风险，而与虚拟性的所谓“市场缺陷”无直接关联。[③]

根据马斯洛需求层次理论，生理需求是级别最低、最基本的需求，包括对食物、水、空气、健康等的需求。而安全需求，同样属于低级别、基本的需求，其中包括对人身安全、生活稳定以及免遭痛苦、威胁或疾病等的需求。保障生理和安全的基本需求，需要通过个人自身的努力，但个人自身的努力又无法确保基本需求得到满足而不受影响，原因在于公共风险的存在。如食品安全、水和空气污染、公共卫生事件对生理需求的威胁，以及社会治安、经济危机、大病大灾对安全需求的威胁。当公民的生理和安全基本需求由于公共风险存在而无法满足时，就需要政府或社会提供公共服务，以抵御公共风险。公共风险是客观存在的。根据世界银行报告的观点，风险和机会是一对孪生姐妹。风险治理得当，意味着机会，风险治理不当，则意味着危机。[④] 公共风险存在的领域就需要对公共风险进行治理，也就说明该领域需要提供公共服务，因此公共风险存在的领域决定公共

---

① 公共风险是指产生“社会性影响”的风险，具有很强的外部性。它有三个特征：内在关联性（或传染性）、不可分割性和隐蔽性。参考刘尚希《公共风险视角下的公共财政》，经济科学出版社2010年版。

② 刘尚希：《公共风险视角下的公共财政》，经济科学出版社2010年版。

③ 这也就解释了为什么国家治理的核心是公共风险治理，而财政又为什么是国家治理的基础和重要支柱。

④ 世界银行：《2014年世界发展报告：风险与机会》。

服务的范围。社会分工的细化和信息社会的脆弱性，公共风险领域拓展，使公共服务的范围越来越广。这样我们就得出以下逻辑关系，见图1。

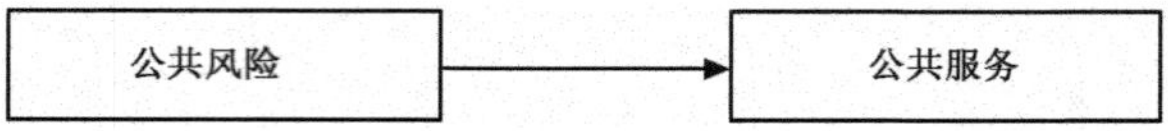

图1　公共风险和公共服务的关系

（二）公共收入的功能和实质：为提供公共服务治理公共风险筹集资金

公共服务功能的实质是公共风险治理，而提供公共服务的过程实际则是公共支出的过程。这样就可以归纳出这样一种逻辑关系：公共风险——公共服务（公共支出）。该关系有两个方面的含义：一方面，公共服务（公共支出）是公共风险要求的一种结果，即公共风险决定了公共服务（公共支出），它因公共风险的产生而存在，随公共风险的扩大而扩张。另一方面，公共服务（公共支出）又是公共风险治理的手段或工具，即公共风险是通过公共支出而化于无形的。问题与解决问题的手段总是一同产生。但若没有了这个手段，那么，化于无形的公共风险就会完全地呈现在我们的面前。或者，当这个手段的配置滞后于公共风险的变化时，一部分公共风险同样会以各种不同的形式凸现出来。这就像战争与军队的关系，前者决定了后者存在的必要性；而后者又是防范战争，求得和平的手段，可一旦没有了军队，战争可能就会马上来临。①

提供公共服务（公共支出）需要有资金来源保障。理论上来说，公共服务包括政府提供和社会提供两种方式，但总体来说公共服务的政府提供占主体。②因此公共服务的政府提供由公共收入来保障。另一方面，公共收入用于公共服务支出和非公共服务支出。理论上来说，从公共性来说，所有的公共收入都应该用于公共服务支出，但现实中可能存在政府越位的情况，公共收入中有部分用于非公共服务支出。

公共收入“取之于民，用之于民”。③ 所谓“用之于民”指的是筹集公共收

① 刘尚希：《公共风险视角下的公共财政》，经济科学出版社2010年版。

② 这里的公共服务是广义的公共服务，即治理公共风险的所有公共服务，而不是政府支出分类中所列的“一般公共服务”等狭义的公共服务。

③ 需要说明的是，这里的公共收入是指用于满足公共支出的全部公共收入，包括弥补赤字的债务性收入，因为债务性收入也是构成公共支出的收入来源，用于提供公共服务，治理公共风险。

入的目的是用于提供公共服务，以达到治理公共风险的目的，避免公众由于公共风险演化成危机而遭受损害。所谓“取之于民”则说明政府要集中社会的财富，要拿老百姓的钱解决老百姓的事，替老百姓消“公共风险”之灾。“取之于民，用之于民”还说明关于公共收入水平的公共选择过程其实质是公众对公共风险的认识和确认过程。当然并不是所有的公共风险公众都能意识和感知到，或者即便意识和感知到也存在搭便车心理，因此公众认可的公共收入水平往往低于治理公共风险所需要的公共收入水平。这也是民主社会容易产生公共支出缺口（赤字）的一个重要因素。因此，需要政府出面对公共风险进行全面评估，提出治理公共风险所需要的公共收入水平，并向公众做出解释，这就是为什么政府要在公共选择方面发挥主导作用的原因。这样我们就得出以下逻辑关系，见图2。

图2　公共风险、公共服务（公共支出）和公共收入之间的关系

（三）财政风险的功能和实质：治理公共风险的政策工具

治理公共风险，并非没有代价，通常会引发财政风险，也可视为必要的风险成本。通过公共服务治理公共风险的过程，是将分散的公共风险集中为财政风险，相当于用财政风险置换公共风险，将分散风险点置换为单一风险点，避免公共风险扩散。如果财政风险在可控范围之内，则财政风险可以成为治理公共风险的政策工具。从风险管理的角度看，分散的风险点比单一的风险点更加难以管理。由于风险点之间存在关联性，分散的风险点会产生系统性风险，使公共风险对经济社会的破坏力倍增。例如国际金融危机爆发前，美国金融衍生品的场外交易市场上存在着大量关联度极高的对冲风险，构成巨大的系统性风险，最终演化为国际金融危机，蔓延到多个国家。

财政风险作为主动干预公共风险的一种政策工具，并不是没限度的。财政风险的上升，不但给财政自身正常运行带来制约，而且也会在达到一定程度后，外溢影响到公共风险。这在欧洲主权债务危机中表现十分突出。[①] 财政风险的上

① 财政部对外财经交流办公室：《从国际视角看财政风险管理作为政策工具的意义》，《外经要情与分析》，2013年第26期。

升，体现为主权债务的积累和偿债能力的下降，通过国债市场渠道，直接影响金融市场，带来了更大的系统性风险，进而冲击经济体系。这说明，运用财政风险化解公共风险应该有一个适度比例，即财政风险可控条件下的公共风险最小化。

归纳起来，提供公共服务，治理公共风险，需要筹集资金，因此，公共风险最小化决定着公共服务的水平，也就决定着公共收入的规模。但公共风险最小化不是无条件的，而是有约束条件的最小化，这个约束条件是财政风险在可控范围之内。这样，公共风险、公共服务（公共支出）、公共收入和财政风险之间就形成了闭环的逻辑关系，见图 3。

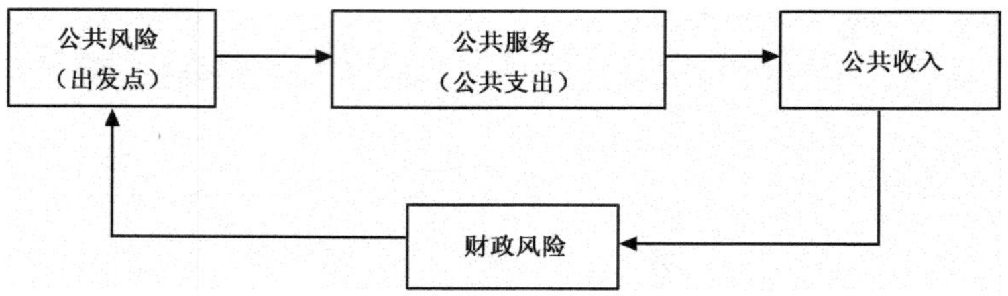

图 3　公共风险、公共服务（公共支出）、公共收入和财政风险之间的顺时针闭环关系

在图 3 中，从公共风险出发，箭头所指方向是一种相生关系。[①] 由于公共风险的存在，提出了公共服务（公共支出）的需求；公共服务（公共支出）需求需要公共收入来保障；当对公共收入需求扩大，而正常的税收收入增长受到限制时，财政风险会扩大；当财政风险扩大到一定程度，又会产生风险外溢，最后又传递到公共风险，导致公共风险扩大，如拖累经济，或加大金融脆弱性。

（四）公共服务评估的理论依据：财政风险可控约束下的公共风险最小化

提供公共服务，治理公共风险，往往伴生财政风险。尤其是在经济社会中的不确定性扩大条件下，更是如此。在上述逻辑关系中，公共服务是联结公共风险和财政风险之间的纽带。而在这个纽带的两头，所追求的目标是不一样的。公共风险的目标是最小化，这是政府所担负的公共责任。而财政风险的目标是可控，

① 这个与中国古代人五行相生（英文名称：mutual generation of five phases）理论相似，五行相生指的是事物的相互资生、促进或助长的关系，其规律为：木生火，火生土，土生金，金生水，水生木。

构成特定条件下的天花板，即成为公共风险最小化的约束条件。[①] 这样，公共服务评估的实质就是，评价财政风险可控约束条件下，公共风险是否实现了最小化目标。从公共风险最小化目标出发，公共风险、公共服务（公共支出）、公共收入和财政风险之间是顺时针的逻辑关系，而公共服务的评估，则需要反推考察，即从约束条件出发考察最小化目标是否达成。这样一来，公共风险、公共服务（公共支出）、公共收入和财政风险之间形成逆时针的逻辑关系，见图4。

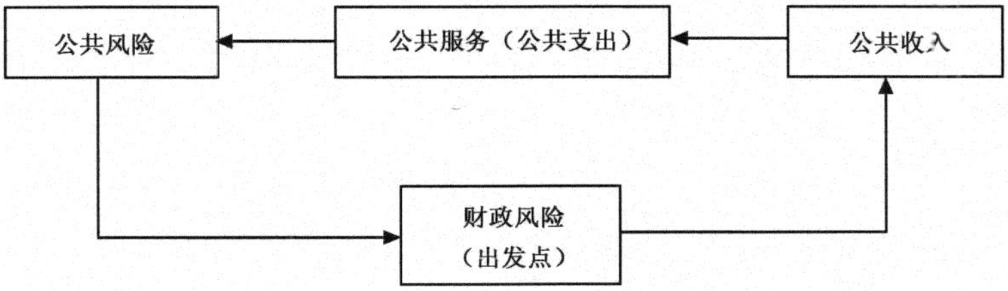

图4　公共服务评估逆时针闭环思路

这种逆向的逻辑关系体现的不是“引致”关系，即不是“相生”关系，而是一种制约关系，即“相克”关系，类似于阴阳五行中的相克关系。[②] 财政风险虽然是一个可变量，但还是有限度的，财政赤字不可能无限扩大，即不可能通过借债来无限地扩大公共收入规模，也就是说，财政风险制约了公共收入的边界；以此类推，公共收入规模的边界制约了公共服务（公共支出）的水平；公共服务（公共支出）的水平决定了公共风险的治理能力和水平，并最终制约公共风险最小化目标的实现程度。对公共风险最小化目标的追求，对财政风险形成制约，往往要求财政风险这个政策工具得到最充分的利用，即达到可控条件下的最大财政风险。这取决于公共风险和财政风险的权衡，两权相害取其轻。

综上所述，对公共服务进行评估，即对财政风险可控条件下的公共风险最小化实现程度进行评估，这包括几个层面：

第一，财政风险是否可控？是否还有空间？财政风险可控，是通过公共服务

---

① 财政风险虽然是约束条件，但这个约束条件不是常数，而是一个变量，或者说是一个函数。随着公共风险水平的变化，财政风险的容忍水平也要发生变化。例如，在欧债危机中，相关国家为了应对系统性金融风险，提高赤字水平。通俗地讲，财政风险虽然是一个天花板，但这个天花板在一定范围内是可以移动的，移动的限度取决于公共风险和财政可持续性的长期权衡。

② 五行相克，指的是事物的相互克制、制约或抑制的关系，如木克土，土克水，水克火，火克金，金克木。

治理公共风险，并使其最小化的约束条件。评估公共服务首先要对财政风险进行评估，要评估财政风险是否可控，是否还有空间。如果财政风险可控，说明公共服务水平还没有超过警戒线。而如果财政风险还有空间，则说明公共服务水平还可提升，公共风险实现最小化还有余地。

第二，在一定财政风险水平条件下，公共收入水平是否达到了最大可能性边界？从理论上来说，公共收入水平越高，可提供更多公共服务，从而使公共风险水平越低。但同时也意味着，财政风险水平也越高，可能是依靠更多赤字债务来支撑的。但逆向观察，既定的财政风险水平对应着不同的公共收入水平。这与公共收入的结构相关。如果公共收入中的赤字债务规模不变，而其中的税收、公共产权收益增长，则公共收入水平提高并未导致财政风险水平相应提高。这表明，相对于一定的财政风险水平，公共收入水平有一个可能性空间，不是一个固定值，而是一个区间。区间的最大值是公共收入的最大可能性边界。

第三，所筹集的公共收入通过公共支出是否提供了有效的公共服务？公共服务的规模和种类是否符合公共风险治理的要求？公共收入的使用，体现为公共支出；公共支出形成的产出是公共服务，公共服务治理公共风险是结果。从公共收入到风险治理，这涉及到多个环节，是一个复杂的链条。上下环节之间都存在逻辑上的勾稽关系，但由于不同环节的效率不同，上下环节之间不是简单的线性关系，而是一个类似联立方程之间的关系。在简化的条件下，公共收入决定了公共服务水平，也就决定了公共风险治理的规模。从公共风险治理的有效性来看，这不仅取决于公共服务水平，还与公共服务的结构相关。不合理的公共服务不但不能降低公共风险，反而会引发或扩大公共风险。

第四，中央与地方之间的财政关系，以及中央与地方之间公共服务配置是否合理？有效抵御公共风险，需要确立合理的政府间财政关系并在政府间合理配置公共服务，这是政府间事权划分的理论基础。政府间配置公共服务越合理，在既定财政风险水平下，通过公共服务治理公共风险的能力就越强、效率越高，否则，其能力就会越弱，效率就会或越低。

二、基于公共风险和财政风险的中国公共服务水平总体评估

依据上述理论分析框架，在这里，我们对中国面临的公共风险和公共服务水

平从总体上做一个初步评估。

（一）中国面临的公共风险评估：基于不确定性和脆弱性的总体分析

人类对世界的认识，经历了一个从简单到复杂、从肤浅到深刻、从低级到高级的过程。自然科学告别牛顿时代，标志着确定性世界观的终结，代之而起的是不确定性的新认知观。人类正处于一个转折点上，正处于一种新理性的开端。在这种新理性中，科学不再等同于确定性，概率不再等同于无知。① 不确定性虽然是一个中性的概念，本身对于未来事件的结果不产生性一性影响。但不确定性是公共风险的根源，原因是自然界不可穷知性造成信息不完全、社会分工造成信息不对称、制度不完美造成不确定因素识别不及时。来自大自然、经济、社会、国际等领域的不确定性与机体自身的脆弱性相结合，是孕育和催生公共风险的重要因素（见图5）。最近几年里，世界遭受了诸多危机。金融和经济动荡带来的收入下降、就业减少和社会稳定性丧失扰乱了世界经济。剧烈的自然灾害摧毁了从海地到日本的一个个社区，造成了生命和经济损失。对全球变暖的忧虑不断增加，同样不断增加的还有对致命传染病传播的担忧。②

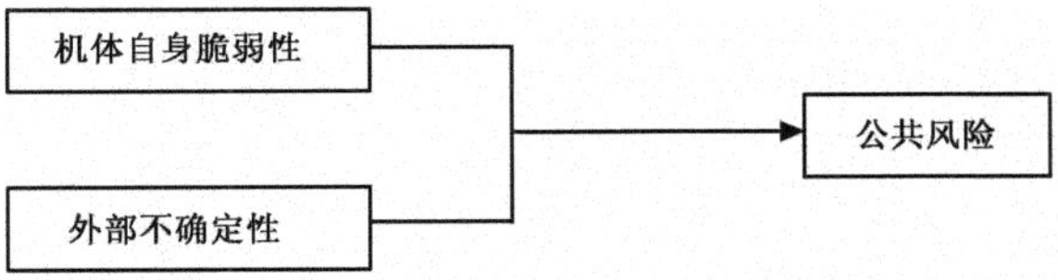

图5　外部不确定性与机体自身脆弱性结合孕育公共风险

目前，中国经济社会发展过程中的主要脆弱性和其所蕴含的公共风险包括以下几个方面：

第一，资源环境脆弱性及其所蕴含的可持续发展公共风险。中国现有的人均GDP比发达国家低得多，还需要大力发展。中国人多物薄，人口占世界的1/5，而耕地、水、能源、各种矿产等，按照人均来计算，都处于世界的末位。如石油，是世界平均水平的1/10。若达到美国现有的消费水准，每年需要50亿吨以上，把全世界的石油给中国也不够。一方面，经济快速增长，另一方面，资源和

① 伊利亚·普利高津：《确定性的终结》，上海科技教育出版社1998年版。

② 世界银行：《2014年世界发展报告：风险与机会》。

环境的承载力已日益趋向极限。中国资源环境的脆弱性蕴含了极大的可持续发展风险，遇到来任何自然、经济、社会和国际方面不确定性的冲击，都会爆发严重的公共危机，如雨雪冰冻灾害的疲于应付和各种环境群体性事件的频发，都说明了这一点。

第二，经济脆弱性及其所蕴含的经济衰退公共风险。在目前中国经济领域，政府与市场的角色准确“归位”依然十分困难，自主创新能力明显不足，体制转换成本不断加大，与世界经济增长摩擦越来越大，要素成本不断上升，人口与人力资源的约束持续加重。经济领域的脆弱性随时有可能导致经济衰退的风险。例如，目前中国投资与消费已经出现严重失衡，且部分产业和行业出现产能严重过剩，这种趋势如果不得到有效抑制，中国经济将会面临严重的衰退风险。

第三，民生脆弱性及其所蕴含的社会分化、失序和动荡的公共风险。改革开放以来，中国的发展并不是齐头并进式的均等发展，而是表现出明显的差距，突出变现为城乡之间、区域之间以及不同社会阶层之间的差别。经济快速增长，而社会发展严重滞后，上不起学、看不起病的人依然存在。究其原因，这不是由市场分配差距扩大造成的，而是社会事业发展长期受到资源配置的约束所致。义务教育、公共卫生等领域资源配置不合理。此外，贫富差距相当大，且为富不仁者不在少数；政府官员脱离群众，吃、卡、拿、要之风盛行，官员腐败屡见不鲜；社会不正之风屡禁不止，且有与公权相勾结的趋势；人与人之间存在信任危机，唯利是图普遍。种种不合理的社会现象使得社会大众对强权者、为富不仁者产生心理上的憎恨，对社会公正合理产生怀疑，对社会前途抱有悲观思想。民生领域的脆弱性如遇到公共事件，极有可能引发社会对立、失序和动荡的公共风险。产业结构调整、社会保障体系、教育、卫生、收入分配、“三农”等方面暴露出来的问题，使得社会矛盾与冲突日益加剧。在一些群体性事件中，不少参与的群众，并不是有直接的利益诉求，而只是因怨泄愤。社会失序会造成社会动荡，阻碍改革发展的步伐。

（二）中国财政风险空间评估：财政风险是否可控

——评估判断：中国财政风险面前总体可控，但财政风险的空间已经很小。

从财政形势来看，虽然目前的财政总体状况保持健康，主要财政指标如赤字和债务等还在通常认为的警戒线范围之内，但赤字和债务呈现攀升之势，财政可持续性堪忧。从外部环境看，过去支持中国经济高速发展的因素趋于弱化，未来10年经济增速预计会放缓，加之中国财政收入对GDP增长、特别是PPI变化的弹性较高，随着经济增速放缓，财政收入增速的下滑幅度更大。按照到2017年GDP年均增长7%、通胀率年均上涨3%、外贸进出口年均增长8%测算，今后几年财政收入年均增长8.5%左右，财政收入增速下降到一位数阶段。在收入增速大幅下滑的同时，支出刚性增长，导致财政赤字呈扩大趋势。2014年，全国财政预算赤字1.2万亿元，预计占GDP比重为2.1%。今后几年，在财政收入降速和支出刚性增长的情况下，预计全国财政收支缺口还将继续扩大，赤字率可能突破3%。此外，2007年以来地方政府性债务年均增长超过20%，2013年审计署公布的全国地方政府债务规模为17.8万亿元，个别地方已经出现债务逾期现象。上述情况和数据说明，从目前及今后的预测情况来看，中国财政风险总体可控，但未来不确定性因素很多，财政风险的空间愈益缩小。

（三）中国公共收入结构评估：既定财政风险水平下是否支撑了公共收入最大化

——评估判断：在既定财政风险水平下，公共收入没有达到最大可能性边界，公共收入结构还有较大优化空间。

根据取得收入的依据不同，公共收入可分为公共权力收入和公共产权收入两大部分。公共权力收入是依据国家的权力无偿取得的收入，公共产权收入则是依据国家财产权而取得的收入。[①] 见图6。

最优公共收入结构，是指在既定财政风险水平下，能够在最小经济效率损失的情况下最大限度增加公共收入的公共收入结构。公共收入结构的优化，就是指实现最优公共收入结构的过程。其内涵应该包括以下几个方面：公共收入的增长以经济效率损失最小为前提条件。这从最优公共收入结构的定义中就可以得出；各种形式的公共收入增长应该是协调的，它们在总公共收入增长中的贡献率应该

① 刘尚希、杨良初、李成威，2005：《优化公共收入结构：财政增收的重要途径之一》，《杭州师范学院学报》第5期。

是合乎比例的。每种形式的收入都与一定阶段的经济、社会结构密切相关，如果出现异常或不协调，必然就会对经济、社会结构产生扭曲性，带来双重后果：效率损失和社会不公。而且，畸形的公共收入结构会导致公共收入增长缺乏后劲，加大财政风险，最终制约经济、社会的协调发展。公共产权所带来的各种公共收入与公共权力带来的公共收入应处于同等重要的地位。比较而言，在数量上公共产权收入小于公共权力收入，但不能因此而忽视公共产权收入。不重视公共产权收入，不仅会带来公共收入的流失，更重要的是会导致公共产权虚置和社会不公。

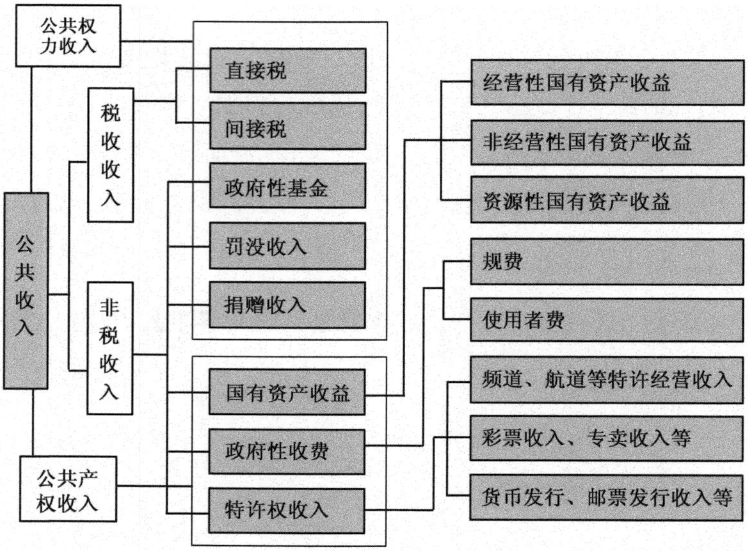

图 6　公共收入的形式结构

目前，公共收入结构失衡。各类收入的增长不协调，对经济的扭曲性较大。主要表现在以下几个方面：一是公共权力收入（税收收入）的增长与公共产权收入的增长不协调，公共权力收入对公共收入的贡献远远大于公共产权收入。在公有制条件下，这种公共收入结构一方面使宏观税负水平提高，纳税人的负担加重，对经济造成拖累，另一方面，本应依据公共产权取得的收入却没有取得，造成公共产权收入流失，如经营性国有资产收益、非经营性国有资产收益以及一些资源性国有资产收益的流失相当严重。此外，频道、航道等的特许经营权属于国家的公共产权，但并没有据此取得相应的公共产权收入。二是目前作为公共收入主要来源的税收没有体现中性化和简税制、宽税基、低税率、严征管的原则，制约了经济和社会的发展。三是从税收收入自身结构来看，财产税比重过低，适当提高财产税比重对财政收入增长还有一定空间。

（四）治理公共风险效能评估：所筹集的公共收入是否提供了有效治理公共风险所必需的公共服务

——评估判断：大部分公共收入提供了有效的公共服务，但也存在较为严重的浪费、效率低下等问题，公共服务成本偏高，治理公共风险针对性不强。

评估公共收入是否提供了合理的公共服务，需要引入公共服务成本的概念。公共服务成本是公共组织为治理公共风险，在处理公共事务、提供公共服务管理活动过程中所耗用的资源。依据公共服务成本是否产生绩效可以分为有效公共服务成本和无效公共服务成本。有效公共服务成本是指公共组织为治理公共风险，在处理公共事务、提供公共服务管理活动过程中所必须耗用的资源。无效公共服务成本是指公共组织不必要的资源耗用，这些资源的耗用不能达到治理公共风险的基本目的。无效公共服务成本都是对公共资源的浪费。

无效公共服务成本包括三个部分：一是公共组织没有履行公共事务和提供公共服务而耗费的资源；二是公共组织履行了无效的公共事务或者提供了无效的公共服务而耗费的资源，这样公共事务和公共服务不是公众所需要的，因此不能达到满足治理公共风险的要求；三是公共组织在履行公共事务和提供公共服务过程中，在有效公共成本之外所耗用的资源。①

近年来，财政的“公共化改革”不断推进，在各项支出普遍增加的同时，支出结构也得到改善，各级财政用于社会性、公共性支出的比重不断提高。特别是在城乡和区域基本公共服务均等化，改善民生，支持科技创新和环境保护等方面的支出比重明显上升。这说明，大部分公共收入提供了有效的公共服务，但也存在较为严重的浪费、效率低下等问题，治理公共风险针对性不强，对改革发展过程中衍生出来的风险没及时化解，以至于风险扩大、扩散。这主要表现在以下几个方面：

① 参考傅道鹏、李成威《公共行政成本相关问题研究》，内部报告，2010年3月。

1. 治理资源环境脆弱性，化解可持续发展风险的力度不够。

工业化提高了生产率，充裕了社会财富，推进了物质文明。但其外部化成本很高，生态环境面临危机。废水、废气、废渣不断增多，带来了环境污染与生态破坏。酸雨、臭氧层的变化、气候变暖、空气质量下降、水体污染等等，使人的生存环境受到严重威胁。工业化、城市化的推进，导致可耕地不断减少，粮食与庞大人口之间的矛盾加剧。生物技术、基因食品、网络技术等高科技，也加大了人类生存安全和经济安全的脆弱性。在过去的工业化运动中，忽略了其负面效应，以至于引发了环境危机。

2. 治理经济脆弱性，防范经济领域公共风险的认识不深。

一是政府替代市场，妨碍市场竞争。政府在微观领域干预过多，向一般竞争性生产建设领域延伸过多，超出了财政职能的合理范围，除了对国有企业直接和间接的投入、补贴过多等老问题依旧外，近年来又出现了打着产业促进旗号，对民营企业补贴干预过多过滥的情况。一些本应由市场自我调节解决的问题，政府统统揽过来以财政补贴等手段干预，诸如广受诟病的“母猪补贴”等等。许多需要通过体制机制改革来解决的问题如能源价格等，不是靠深化改革寻求出路，而是靠财政“一补了之”。

二是宏观调控过度，而宏观经济管理职能弱化。长期以来，对宏观调控存在很多认识上的误区，将宏观调控“全能化”，自觉不自觉地抑制市场机制，把宏观管理的对象当作宏观调控的对象，把宏观调控的基础建设当作宏观调控本身。有关方面过于迷恋于批项目所能带来的“短期宏观调控效果”，认为其立竿见影，见效快，并误把这种行政管控当作是宏观调控。在应对国际金融危机中，这种行为表现得十分突出，被有关部门利用发挥到了极致。实际上，这种所谓的“调控”产生的后遗症巨大，某些上马的项目可能论证并不充分，导致资源配置上的低效甚至浪费，一些无效投资的项目在运行一段时间后，形成银行和财政的负担，加大公共风险。

3. 治理民生脆弱性，预防社会分化和社会失衡公共风险的力度不够。

随着经济市场化程度的提高，在经济快速增长的同时，总是会伴随着“社会分层”的出现。由于个人禀赋、知识水平、机遇与环境的不同，在自由选择的市场竞争中，总会有一些人沉到社会的底层，构成弱势群体和低收入阶层。对这些社会成员及其家庭，需要政府来关注，给其提供各方面的帮助，如社保、教育、医疗、培训、就业、救济、扶贫等。这既是人文关怀精神的体现，也是化解社会矛盾的需要。但政府在这方面的作用未能充分发挥出来，尽管这些年来政府投入不断扩大，但改善效果不明显，民众的满意程度不高。民生事关起点公平，应落实到社会成员素质与能力的提升上来。但当前民生的改善出现了一种“福利化”的倾向，以所谓“权利”和“资格”为依据来分配使用资金，能力提升的效果相当低，导致贫困阶层和贫困地区的固化。体制上的碎片化，也使资金分配使用碎片化，城乡区域之间的公共消费差距甚至反而加大了。如教育投入增长很快，但农村基础教育与城市的差距并未因此而缩小；职业教育、技能培训的政府投入力度也很大，但分散在各个部门办的各个项目上，钱花了不少，效果不彰。能力鸿沟未能缩小，意味着未来的收入分配差距仍会扩大。同时，这也是导致暴力、犯罪、吸毒等社会问题的基本原因。改善民生脆弱性，这急需政府通过调整公共服务来应对。①

4. 无效和低效成本多，公共服务提供效率较低。

这突出表现在专项资金设置刚性化，缺乏激励相容的运行机制，部分领域出现财政投入与事业发展“两张皮”、“钱等项目”甚至“敞口花钱”问题，一些项目存在乱支、挪用、浪费等现象，导致公共服务提供碎片化、短期措施长期化、资金使用低效化等问题。

（五）中国政府间公共服务配置评估：政府间财政关系的合理性

——基本判断：政府间财政关系和公共服务配置与发展新阶段的要求不相适应，不利于公共风险的治理，甚至可能放大公共风险。

1994 年分税制改革，奠定了现行政府间财政关系的基础。放在一定历史条件下来看，现行政府间财政关系的历史进步性是显而易见的。一是建立了以分税制为核心的政府间财政分权框架。分税制改革构建了与市场经济要求基本相适应的政府间财政关系，初步建立了中央与地方、国家与企业之间较为稳定的分配关系，打破了长期的“放权—收权”的循环，为行政性分权和经济性分权改革的推进找到了切入点。财政分权给了地方财政自主权，提高了政府资源配置的效率，也有利于政府因地制宜提供公共服务。二是改变了包干体制下中央财政依靠

① 刘尚希：《公共风险视角下的公共财政》，经济科学出版社 2010 年版。

地方上解的局面，形成了中央财力占主导地位的分配格局，为强化中央财政调节地区之间的财力差距创造了前提条件。三是财政分权激发了地方政府发展经济的积极性。这种积极性来自于分税制体制下财政自求平衡的压力和赋予了地方政府自主发展的广阔空间。财政压力使地方政府认识到了“必须”发展当地经济，以增加财源；自主空间带给地方政府“能够”大力发展经济的体制条件，地方政府可以自主地配置资源；而 GDP 考核的晋升机制，以及地方政府职能转换为以经济建设为中心，也使地方主要党政领导认识到“应该”大力发展本地经济。“必须”、“能够”、“应该”这三重因素叠加在一起，成为地方发展经济的内在动力。

但也要看到政府间财政关系和公共服务配置依然存在诸多问题：①

一是财力与事权不匹配，基层财政一度陷入困境。财政分权，而事权则未做正式调整。地方普遍模仿中央与地方的财政关系，层层分税。一些穷的地方，工业基础薄弱的农业地区，即使赋予其一定财权，政府也难为“无米之炊”，税源单薄，无法组织到与事权相匹配的财力。在这种情况下，即使是做到了财权与事权相匹配，也会出现财力与事权不匹配的结局，使一级政府难以正常运转。

二是各级政府财政行为“层级化”。各级政府以本级财政利益为中心、以本级财政预算平衡为目标、以“本级经济”为基础。“层级财政”的负面效用越来越明显。强调各级政府财权与事权的匹配，必然是从中央到乡镇，迫使每一级政府都以经济增长——当然是有利于本级财政增收的经济增长——为中心，从而加剧了资源配置的扭曲和资源、环境的破坏，而且使不具备开发条件的地方陷入了“越穷越开发，越是开发越穷”的恶性循环之中。

三是地方政府财政风险扩散。由于财力与事权不匹配，而履行事权又以各级政府的政治任务形式存在的情形下，地方各级政府别无选择，只能是千方百计找钱。一是扩大非税收入，二是债务融资。当各种行政事业性收费空间越来越小的情况下，出售公共资源以及用地方政府实际上所控制的资源来进行各种形式的债务融资就成为地方政府主要手段。地方政府进行债务融资，除了财政上的原因之

① 参考财政部财政科学研究所课题组：《建立有利于科学发展的政府间财政关系》，内部报告，2011年5月。

外，追求政绩是主要的动因。但财力与事权不匹配的情形在边际意义上加大了地方政府债务融资的压力。显然，这会使地方财政风险扩散。

四是区域间基本公共服务差距扩大。我国区域间基本公共服务不均等的问题较为严重，各地基本公共服务水平差距很大，并呈现扩大的情势。公共服务的差距在当期反映为不同区域民生的差距，从长期来看，将会演变为各区域老百姓能力上的差距，其引致的公共风险将会扩散到经济、社会领域。这种情形已经在现实生活中显现出来。

五是不利于公共风险治理，甚至可能放大公共风险。现行政府间财政关系的核心是“分级吃饭”，要想“吃饱”，或“吃好”，就必须多收。而政府多收的基本前提是必须发展经济，开发财源，培养税源。这种体制设计对地方各级政府所带来的财政压力，最终转化为各地大力发展经济的动力。也可以说，这是财政分权对地方产生的激励。这种财政激励与以 GDP 为主要考核指标的官员政绩考核机制共同作用，形成了中国经济发展的强大动力。但发展的动力不会自动地带来科学发展。无论从逻辑上看，还是从实证过程分析，现行财政体制对科学发展也产生了诸多的制约性影响。这具体表现为：激励数量增长，不利于质量提高；激励粗放增长，不利于资源节约；激励城市发展，不利于农村发展；激励经济增长，不利于环境保护；激励物的生产，不利于人的发展。

三、结论与政策涵义

本文从公共风险和财政风险分析出发，构建了公共服务评估的分析框架，并根据这一框架对中国公共服务水平总体情况做了初步的定性评估，得出了一些探索性的理论分析结论和实证分析结论。

（一）基本结论

公共服务的功能和实质是公共风险治理；公共收入是为提供公共服务治理公共风险筹集资金；财政风险是治理公共风险的政策工具；公共服务评估是财政风险可控约束下的公共风险最小化实现程度评价。因此，对公共服务进行总体评估应该包括以下几个方面：①财政风险是否可控？是否还有空间？②既定财政风险水平下是否支撑了公共收入最大化？③所筹集的公共收入是否提供了合理的公共服务？公共服务的数量和种类是否符合公共风险治理的要求？④政府间公共服务配置是否合理？

基于实证分析，对中国公共服务定性评估的初步结论：

一是中国经济社会发展过程中的脆弱性和其所蕴含的公共风险暂未显现出收敛的趋势。二是中国财政风险总体可控，但财政风险的空间在收缩。三是在既定的财政风险水平下公共收入没有达到最大可能性边界，公共收入结构还有待于进一步调整优化。四是公共服务存在较为严重的浪费、效率低下等问题，公共服务成本偏高，治理公共风险针对性不强。五是中国政府间财政关系和公共服务配置已与未来发展要求不相适应，不利于公共风险的治理，甚至可能放大公共风险。

（二）政策涵义

财政是国家治理的基础和重要支柱，国家治理的核心是公共风险治理。一方面，财政通过筹集公共收入提供公共服务，治理公共风险；另一方面，财政风险可以成为治理公共风险的政策工具。目前中国资源环境、经济和民生等方面的脆弱性蕴含了较大的公共风险，说明公共服务存在较大的缺口。从当前的财政形势来看，通过放大财政风险来治理公共风险的空间较小，但通过优化公共收入结构①、提高公共服务的针对性和有效性、优化政府间财政关系和公共服务配置，实现既定财政风险约束条件下的公共风险最小化，还有很大的空间，这是今后深化财税体制改革、优化财政政策的理论和现实基础。

① 优化公共收入结构，可以在既定财政风险下增加公共收入水平，从而提高公共服务水平。

基于发挥市场的决定性作用来更好发挥政府作用

王 朝 才

十八届三中全会通过的《中共中央关于全面深化改革若干重大问题的决定》指出："紧紧围绕使市场在资源配置中起决定性作用深化经济体制改革。经济体制改革是全面深化改革的重点，核心问题是处理好政府和市场的关系，使市场在资源配置中起决定性作用和更好发挥政府作用。"

从"基础性作用"到"决定性作用"的两字之差，不仅凸现了市场的主导地位，也进一步厘清了政府与市场的关系。世界各国经济发展史证明，市场化是优化资源配置的最有效途径。强调市场的决定性作用，表明我国将深入开展市场化改革，其中关键的问题就是要解决好政府与市场的关系，在使市场在资源配置中起决定性作用的同时，更好发挥政府作用。从更好发挥政府作用的角度讲，我们要用市场机制改善或补充公共部门的运行机制，使政府运行更公开、更有效。

一是深化行政审批制度改革，扩大市场调节空间。坚持正确处理政府与市场、政府与社会、中央与地方的关系，最大限度减少政府对微观事务的管理，对于市场机制能有效调节、企业能自主决定、行业组织能自律管理的经济活动，一律取消审批，让市场优胜劣汰，由企业自负盈亏；对确需保留的行政审批事项，要规范管理、提高效率；对于直接面向基层、量大面广、由地方管理更方便有效的事项，下放地方和基层管理。

二是进一步缩小政府定价范围，并在政府定价中发挥市场机制的作用，完善以市场机制为基础的价格决定机制。一定意义上讲，政府定价就是要人为扭曲市场供求关系，扭曲市场机制，这用作很难保证效率。因此，应该尽可能减少政府定价项目，将政府定价的商品和服务限定在重要公用事业、公益性服务或特殊的自然垄断环节。目前我国政府定价项目明显偏多，例如能源领域，除了煤炭基本实现市场化定价外，电价、水价、气价、油价等仍实行政府定价模式。其实是不必要的。能源价格放开，价格适当上涨，更有利于节约能源，有利于环境保护。我们对一些项目实行政府定价的理由不充分。例如石油，实行垄断经营和政府定价的理由是“重要战略物资”，从重要战略物资的角度讲，它比粮食还重要吗？粮食经营都可以放开，石油为什么就不能呢？还有人讲石油主要靠进口，所以需要垄断和政府定价。这也是没有依据的，日本石油进口的比重比我们高很多，他们都能放开经营，我们为什么不能呢？在政府定价中也要充分发挥“市场之手”的作用，构建合理的价格发现机制，客观地反映资源的稀缺性和真实成本。同时还要加快健全科学合理的价格调控体系和公开透明的价格监管制度。

三是扩大政府购买服务，进一步发挥市场机制的决定性作用。政府购买服务，是指把政府直接向社会公众提供的一部分公共服务事项，按照一定的方式和程序，交由具备条件的社会组织、机构和企业等社会力量承担，并由政府根据服务数量和质量向其支付费用的公共服务供给方式。政府通过购买提供公共服务，一方面可以利用市场机制提高服务的效率和质量；另一方面还可以为市场的发展腾出更多的空间，有利于国民经济健康发展。政府应以更公平、更透明的公开招标、邀请招标、竞争性谈判、询价、单一来源采购等市场化方法向社会力量购买公共服务，充分发挥市场在资源配置中的决定性作用。政府购买服务，既可以就某些服务项目向社会、向市场购买，也可以采用 PPP 模式，就某些公共设施的建设和运营与社会力量合作。

四是在政府采购过程中要更加遵从市场规则，注重市场机制作用。之所以把政府的采购与一般市场采购行为区别开来作为一个特殊的范畴，一方面是因为政府采购具有受托人或代理人采购的特点，存在采购人道德风险问题，有可能出现违背市场规则的采购行为，政府采购行为不规范会对市场产生扭曲作用，不仅会浪费政府公共资源，而且还会影响市场效率；另一方面是要发挥政府采购的政策调节作用。但是，作为政府的采购活动，遵从市场规则是第一位的，发挥调节作用应是在其前提之下，是附属的目标。所以，在政府采购中，要十分重视市场机制的作用。要进一步完善政府采购行政监管手段，充分运用财政、审计、监察等多部门的联动工作机制，确保采购活动的规范与信息公开，避免不规范操作。同时要努力构建有利于采购市场规范与发展的政府采购品牌选择和价格形成机制，充分发挥市场在政府采购中的决定性作用。

“土地财政”问题研究

课 题 组

“土地财政”最初是对土地出让收入在地方财政收入中所占比重较高现象的一种形象说法。在我国现行土地制度和市场性拍卖机制下，土地出让收入归属于政府管理和支配是必然的，因此土地出让收入无论多寡，无论占地方财政总收入多大比重是有其合理性和合法性的。目前，社会各界关于土地财政的争议实质上反映了两个方面的问题：一是指地方政府在缺乏科学合理的土地规划利用情况下单纯为满足其他方面的支出需求而“卖地敛财”的现象。这种行为不仅有违科学有效地利用稀缺性土地资源的宗旨，而且引发了诸如抬高房地产价格、影响国家粮食安全、加剧城乡收入差距、群体性社会矛盾等方面的经济、社会问题；二是指即使在合理、合法的土地利用情况下，也会因为国有土地制度的市场垄断地位而不断侵蚀农民利益，形成了对农村经济的“倒吸”机制。随着地方政府围绕土地运作行为的“与时俱进”以及学术界认识的深化，土地财政的内涵进一步外延，扩展到了土地运营带来的相关税费收入、土地证券化和抵押贷款派生的土地金融。

一、土地财政的规模效应越来越大

土地财政的规模效应主要包括土地出让收入规模、直接来自土地相关税费收入和以土地撬动的地方政府融资规模等，其主要体现为：一是开发用地出让给开发商直接带来出让收入和后续源源不绝的税金；二是通过工业用地招商引资，成为拉动地方 GDP 的强大引擎；三是政府向自己的平台企业注入土地，再以此向银行融资。在衡量土地财政的规模效应时，因工业用地招商引资产生的财政收入效应不宜泛化衡量。因此，本文仅以围绕土地征管和经营的相关税费和土地金融作为土地财政的规模效应来探讨。

（一）土地出让收入规模呈现出不断扩张之势

近年来，全国土地出让收入整体呈现攀升态势，从2007年的1.2万亿上升到2011年的3.35亿元，年均增长29.3%，而同期GDP年均增长速度为15.5%，土地出让收入的年均增幅接近GDP的一倍。从土地出让收入占GDP的比重来看，2009年以后土地出让收入占GDP的比重都维持在7%以上，也明显高于2007年和2008年。见表1。

表1　　近五年土地出让收入与GDP规模变动

年份	土地出让收入（万亿元）	GDP（亿元）	土地出让占GDP比重（%）
2007	1.2	26.58	4.51%
2008	0.96	31.40	3.06%
2009	2.77	34.09	8.13%
2010	2.94	40.15	7.32%
2011	3.35	47.29	7.08%
2012	2.69	51.93	5.18%

注：2007年、2008年、2012年土地出让数据为国土资源部报告数据，其余年为财政部报告数据。

以2011年为例，土地出让收入为33477亿元，占全部基金预算收入的75.3%。全部土地出让收入中中央收入305亿元，地方收入33173亿元，占全部土地出让收入的99.1%，占地方基金收入的86.8%。土地出让收入已经成为地方政府可支配公共收入的重要组成部分。2007年土地出让收入占地方一般预算收入比重为50.9%，2011年这一比例上升到63.9%，五年间比重值最高的2009年为85%。2007年土地出让收入占地方一般预算财力的比重为34.6%，2011年这一比例上升到44.2%，五年间比重值最高为2009年的56.8%。见图1。

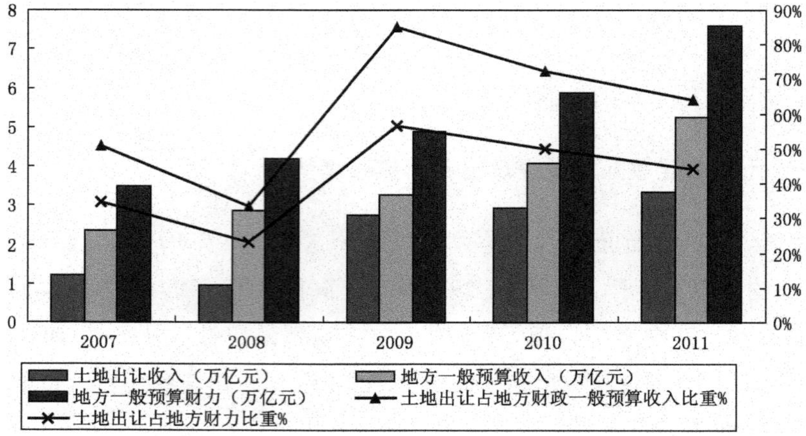

图 1　近五年土地出让收入与地方财政收入规模变动

（二）直接来自土地的税费收入也在与时俱进

根据苏明、唐在富等人的研究①，1999—2012 年间我国直接来自土地的税收收入从 1999 年的 378.4 亿元上升到 2012 年的 10128.0 亿元，增长了 25.7 倍，年均增长率高达 28.8%，占当年地方财政收入的比重，也从 1999 年的 6.8% 提高到 2012 年的 16.6%，上升了接近 10 个百分点。见表 2。

表 2　直接来自土地的税收收入及其占地方本级公共财政收入的比重

年份	土地直接税收收入（亿元）						占地方本级财政的比重（%）					
	合计	城镇土地使用税	土地增值税	房产税	耕地占用税	契税	合计	城镇土地使用税	土地增值税	房产税	耕地占用税	契税
1999	378.4	59.1	6.8	183.5	33.0	96.0	6.8	1.1	0.1	3.3	0.6	1.7
2000	449.1	64.8	8.4	209.6	35.3	131.1	7.0	1.0	0.1	3.3	0.6	2.0
2001	500.5	66.2	10.3	228.6	38.3	157.1	6.4	0.8	0.1	2.9	0.5	2.0
2002	676.2	76.8	20.5	282.4	57.3	239.1	7.9	0.9	0.2	3.3	0.7	2.8
2003	850.7	91.6	37.3	323.9	39.9	358.1	8.6	0.9	0.4	3.3	0.4	3.6
2004	1207.8	106.2	75.1	366.3	120.1	540.1	10.2	0.9	0.6	3.1	1.0	4.5

① 苏明、唐在富、满燕云、颜燕等执笔，《中国土地财政现象的发展演变和现状分析》，财政部财政科学研究所《研究报告》2013 年 194 期。

续表

年份	土地直接税收收入（亿元）						占地方本级财政的比重（%）					
	合计	城镇土地使用税	土地增值税	房产税	耕地占用税	契税	合计	城镇土地使用税	土地增值税	房产税	耕地占用税	契税
2005	1590.5	137.3	140.3	435.9	141.9	735.1	10.5	0.9	0.9	2.9	0.9	4.9
2006	1961.9	176.8	231.5	514.8	171.1	867.7	10.7	1.0	1.3	2.8	0.9	4.7
2007	2755.3	385.5	403.1	575.5	185.0	1206.3	11.7	1.6	1.7	2.4	0.8	5.1
2008	3656.6	816.9	537.4	680.3	314.4	1307.5	12.8	2.9	1.9	2.4	1.1	4.6
2009	4812.3	921.0	719.6	803.7	633.1	1735.1	14.8	2.8	2.2	2.5	1.9	5.3
2010	6529.9	1004.0	1278.3	894.1	888.6	2464.9	16.1	2.5	3.1	2.2	2.2	6.1
2011	8228.5	1222.3	2062.6	1102.4	1075.5	2765.7	15.7	2.3	3.9	2.1	2.0	5.3
2012	10128.0	1541.7	2719.1	1372.5	1620.7	2874.0	16.6	2.5	4.5	2.2	2.7	4.7
年均增长率	28.8	28.5	58.5	16.7	34.9	29.9						

数据来源：根据历年《中国统计年鉴》整理计算；引自：财政部财政科学研究所《研究报告》2013年194期。

不仅如此，曾几何时，附着在土地征收和管理中的其他收费也很多，横跨土地、财政、农业、房产、水利、交通、邮电、文物、人防、林业等部门。随着近年来国家税费政策的日益取消和规范，与土地有关的收费依据大为减少，目前的土地费主要包括：行政事业性收费：土地管理费、征地管理费（拆迁管理费）、新菜地开发建设基金、农业重点开发建设资金、耕地开垦费、土地复垦费和土地闲置费。服务性收费：土地测量和规划等相关收费等。资源性收费：外商投资企业场地使用费（或土地使用费）。其他代征代收费：公告费、土地补偿费、安置补助费、地上附着物和青苗补偿费等①。

（三）土地抵押融资规模日益成长

当前，地方政府借土地抵押来贷款，甚至依此偿还债务已成为公认的事实。

① 苏明、唐在富、满燕云、颜燕等执笔，《中国土地财政现象的发展演变和现状分析》，财政部财政科学研究所《研究报告》2013年194期。

根据刘守英等人研究，东部城市建设的资金构成，土地出让收入约占30%，土地抵押融资约占60%；中西部的城市建设资金，土地出让收入约占20%，土地收益权质押融资约占70%[①]。从近年来土地抵押的规模看，2008年以来，土地抵押的总体规模是在不断上升的，截至2012年底，全国84个重点城市处于抵押状态的土地面积为34.87万公顷，抵押贷款总额5.95万亿元，同比分别增长15.7%和23.2%。全年土地抵押面积净增4.72万公顷，抵押贷款净增1.12万亿元[②]，具体情况见图2。当前有相当数量的融资平台，其贷款绝大部分是土地抵押贷款，且很多还款主要依靠土地出让的收入。

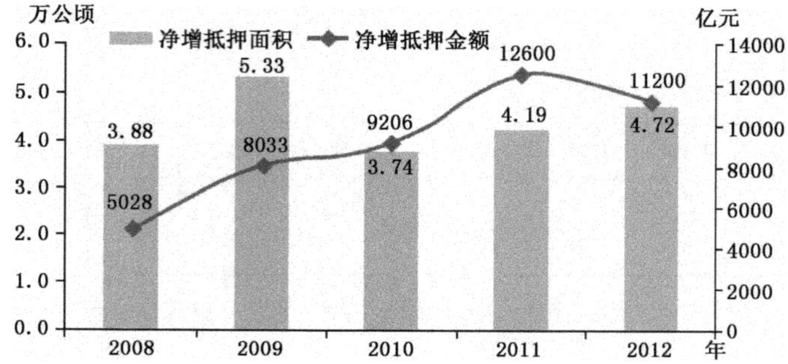

图2　2008—2012年84个城市土地抵押情况

摘自：2012年《中国国土资源公报》。

据国土资源部法律中心的研究结果，84个城市土地抵押放贷主体及土地抵押贷款金额占总金额的比例，五大国有商业银行为45%，城市商业银行为6%。而其中的风险表现在土地抵押贷款市场产生垄断，金融资源无法达到有效配置；经济不发达地区的土地抵押贷款业务受到行政干预较多，贷款多投放于政府支持的项目或大型企业[③]。事实上，不少城市政府愈来愈将土地收入作为负债融资的"变压器"，来撬动规模更大的金融资源。与此相关的违规抵押现象也在不断发生，据国家土地总督察办公室2013年3月22日发布的《国家土地督察公告》显示，对全国36个市（区）的土地抵押融资情况开展督察发现，943个项目涉及

① 黄小虎，中国土地制度改革的路径——从土地财政和土地金融说起，http：//opinion.caixin.com/2012-04-27/100385096.html。

② 中华人民共和国国土资源部，2012年《中国国土资源公报》。

③ 2013年土地抵押贷款增幅至5.95万亿，http：//cj.gw.com.cn/news/news/2013/0717/341706167.shtml。

违规抵押贷款 1039.22 亿元，涉及土地面积 29.63 万亩①。

随着我国金融市场的进一步发展和深化，一些地方已经探讨土地资产证券化的融资途径。可以预计，在未来，土地资产证券化融资之路可能会越来越成为一种融资选择。

二、土地财政的成因分析

土地财政是我国经济转轨过程中的客观现象，也具有阶段性特征的性质。所谓客观，指的是尽管目前对土地财政状况众说纷纭，但土地财政依然存在，短期内不会骤然消失；所谓具有阶段性，指的是在我国体制改革总体上具有渐进性特点的大局下，一些制度的修缮和废除具有阶段性。探讨土地财政的成因有助于解释其存在的客观性，也同样有助于研判下一步改革的阶段性目标和任务。

目前，关于土地财政的成因有诸多颇有见地的分析，归纳起来，主要有：

（一）"土地财政"是我国土地管理体制运行的必然结果

土地作为不可或缺的资源和生产要素。我国土地管理体制与其他国家有所不同，国外土地基本以私有为主，而我国土地区分为国有和集体所有，不允许土地私有，并实行土地利用总体规划和年度计划管理制度。任何单位和个人建设需要使用土地，必须依法申请使用国有土地，包括国家所有的土地和国家征用的原属于农民集体所有的土地②。这事实上决定了，在市场经济中，政府首先以国有土地代表者的身份垄断了土地一级市场，并且借助这种垄断压缩了集体土地所有权的实现空间，也进而潜在地具有就集体土地权益"分羹"机遇；其次，政府可以在土地市场垄断的基础上，借助行政垄断决定总体利用规划和年度管理计划。这使得在相关领域监督和把控不严密、不科学的情况下，地方政府潜在地具有"随机抉择"的机遇。这也就不难理解，不少地方政府程度不同地出现"强迁强拆"、热衷于通过修改土地规划扩大用地指标、大面积出

① 2013 年土地抵押贷款增幅至 5.95 万亿，http://cj.gw.com.cn/news/news/2013/0717/341706167.shtml。

② 陈怡芳，理性看待"土地财政"问题，中国财经报网 2013-07-25。

售土地等现象。

（二）土地所有权益的地方化加剧了土地财政的规模效应

我国《宪法》、《土地管理法》已明确规定我国实行社会主义土地公有制，即全民所有制和劳动群众集体所有制。城市土地国家所有（全民所有），农村和城郊土地属于集体所有。应该说，国家所有土地的所有权由国务院代表国家行使。但在实践中，鉴于土地的区域性很强、性质和用途错综复杂，因此土地权属登记、征收、补偿、出让和管理等均由市县地方政府负责。1994 年国务院在划分中央与地方财政体制时，将土地出让收入确定为地方收入。尽管为调节区域间土地出让收入的不均衡，国家先后几次调整了土地出让收入分配关系①。但是，总体来看，土地出让收入的大部分仍然归属市县人民政府，主要用于征地补偿、土地前期开发、城乡义务教育、农田水利建设、耕地开发和保护、保障性安居工程、城乡基础设施建设等开支等②。其结果是市县人民政府掌控着国家绝大多数土地资源的实际控制权，而国务院代为履行的土地所有权无论是在土地的占有、使用、收益和处置权方面都受到来自地方政府的牵制甚至是左右而被事实“虚置”，土地管理与出让收入的管理也自然被地方政府事实上主导。土地利益集中在市县政府必然容易促发其冲动，甚至不惜违规违纪。

（三）征地补偿制度不完善和土地批租制度对土地财政有进一步的激励作用

按照现行土地征收制度，首先，政府既是征地补偿方案的政策制定者也是征地补偿的实施者，甚至是利益权衡者，也即同时充当裁判员和运动员的角色，潜在存在补偿不公、低价征地的可能。其次，在征地补偿标准方面，长期以来，各项征地补偿费用的具体标准、金额是以土地被征用前 3 年平均年产值确定的，基本上不得超过土地被征用前三年平均年产值的 30 倍。虽然后来国家多次提高征

---

① 如，1999 年，通过中央和省通过征收新增建设用地土地有偿使用费（其中，中央分成 30%，省级分成 70%），调节市县土地收益。2004 年，明确市县按照不低于土地纯收益 15% 比例建立农业土地开发资金，其中省级集中 30% 用于省内区域平衡。2011 年，要求市县按照土地出让收益 10% 分别建立教育资金、农田水利建设资金，并允许省级集中一定比例用于省内调剂。2012 年，中央集中 20% 农田水利建设资金，重点向粮食主产区倾斜。

② 陈怡芳，理性看待“土地财政”问题，中国财经报网 2013 - 07 - 25。

地拆迁补偿标准①，但征地补偿标准的依据仍然不是土地征用后的市场价值。其结果是地方政府出让土地的价格远远高于征地拆迁的成本，形成了征地和卖地的巨大价差，激励政府征地、储地、卖地，攫取巨额土地出让收入②。

同时，现行批租形式的土地使用权出让制度，便利了地方政府将未来几十年的土地租金"一次性拿足"，归当届政府支配使用，很容易刺激地方政府的短期行为，诱发地方政府操控土地市场和抬高土地价格的动机。这样，土地的低价征用与推高了的土地价格之间形成了高额价差，进一步激励了土地财政的规模效应，但也严重地透支了未来收益，产生了"本届政府卖土地，下届政府卖空气"的"届际不公"，乃至于较为严重的代际不公平。

（四）行政考核机制的单一性助推了土地财政行为

目标责任制考核制度是我国地方政府实施最广泛的绩效管理模式。在我国地方政府的目标责任考核体系中，各地方政府都将追求 GDP 和财政收入作为关键性考核，迫使地方政府将招商引资和大力度进行城市化、工业化基础设施建设视为彰显政绩的重要手段。地方政府在公共财政能力有限的格局下，更为积极地利用土地获取经济增长的潜力，如以低价（甚至零地价、负地价）出售工业用地的方式招商引资，同时有意识地抬高商业、住宅用地价格。这一方面扭曲了土地市场价格体系，另一方面从商业、住宅业用地价格节节攀升中得益，侵蚀了居民利益，引发诸多社会矛盾。

（五）地方政府财政能力相对不足也是土地财政盛行不可忽视的因素

1994 年实行的分税制体制确实是蕴含着中央财政收入占全国财政收入比重较为明显提升的因素，地方政府预算内财力也因此相对下降（见图 3）。

在地方政府缺乏举债权和税收立法权的情况下，相对于既定的职责划分，财政预算内压力的增加也是公认的。这也确实为地方政府依赖公共预算外的资金

---

① 例如 2004 年 10 月国务院发布的《关于深化改革严格土地管理的决定》和同年 11 月国土资源部出台的《关于完善征地补偿安置制度的指导意见》提出，如果原有最高赔偿标准（约为耕地平均年产值的 30 倍）仍然不能保证被征地农民原有生活水平，可以从国有土地有偿使用收益中划出一定比例给予补贴，也可按被征地片区综合地价进行补偿。

② 王朝才、赵全厚、张立承、封北麟，《如何看待土地出让收入》，财政部财政科学研究所《研究报告》，2013 年第 73 期。

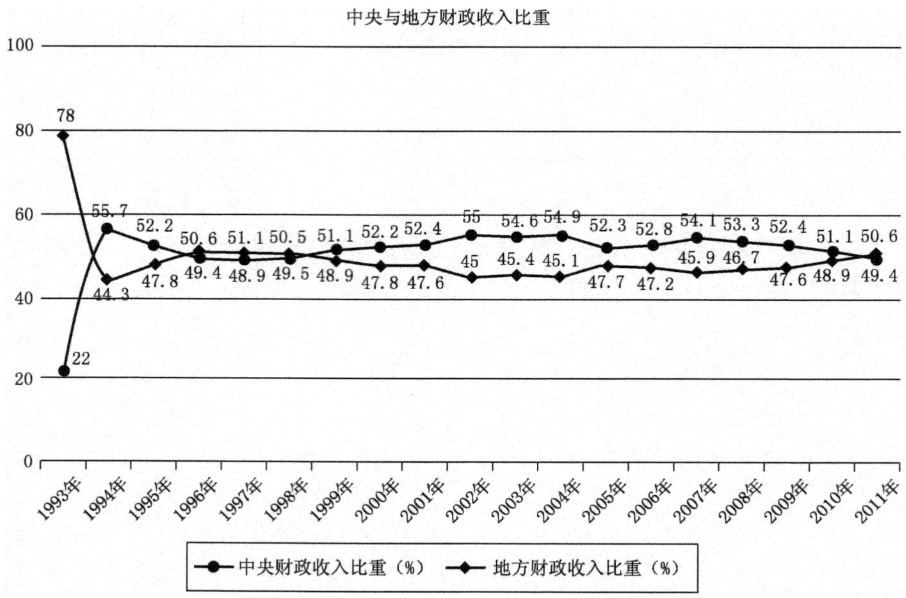

图 3　中央与地方财政收入比重

资料来源：《中国统计年鉴 2012》

（包括土地出让收入）满足支出用度提供了体制激励。但这种激励的程度或者效果如何，却需要视具体情况而定。就土地出让收入而言，其规模的大小主要还看当地经济发展、土地供求关系和市场发育程度如何。按理说，我国中西部地区财政相对困难，理论上更应扩大土地出让规模，但实际上并非如此。以 2010 年为例，京津沪等相对发达 9 省市的土地出让收入约占全国三分之二，而中西部地区土地出让收入却仅约占全国三分之一①。可见，土地财政的现实规模效应和分税制财政体制所影响到的地方财政相对困难程度没有直接的对应关系，但并不是因此否定二者之间的关联性。可以设想，如果现行体制机制不变，随着中西部经济日益兴旺，城市化加速，土地的积聚效应和价值效应日益显现，土地财政效应在中西部也会照样被“复制”，但从目前东部地区财政能力较为强健的地方政府依然大玩特玩土地财政的现实情况看，并不是保障基本公共服务财政能力不足的财政体制问题，而主要是在一定程度上可以理解的“趋利动机”使然。

① 财政部：土地出让收入增长快与现行财政体制无关，中国广播网，2011 - 11 - 16。

三、规范土地财政行为的政策选择

基于上述，我们认为，规范土地财政需要从如下几个层次来考量：一是要确定政府在什么条件下获得土地是适宜的；二是逐步构建地方政府出让土地和出让多少土地的制度规范；三是要规范地方政府获得土地收入的方式；四是要对地方政府已经形成的土地出让收入科学合理地进行分配。

（一）改革土地征用制度，充分尊重集体土地所有者权益

国有土地的市场垄断是土地财政形成的源泉，也是"残缺"集体土地所有者权益的重要障碍。党的十八届三中全会《关于全面深化改革若干重大问题的决定》（以下简称《决定》），要求进一步发挥市场在资源配置中的决定性作用。市场职能充分发挥的关键之一就是要完善产权保护制度，尊重不同所有制的合法权益，其中包括尊重土地集体所有制的合法权益。而且，《决定》要求"建设城乡统一的建设用地市场"，"允许农村集体经营性建设用地出让、租赁、入股，实行与国有土地同等入市、同权同价"，相应地，要"缩小征地范围，规范征地程序"。这些要求，预示着我国土地征地制度将进行较为明显的变革。这一方面有利于实现农村集体土地价值最大化，另一方面也对土地财政的规模扩张有"釜底抽薪"效应。

农村集体经营性土地的同等入市，使集体土地所有者有了较为自主的"相机抉择"权利，土地价值收益也自然地归属了其所有者，从利益机制上使地方政府可能陷入"光吆喝不赚钱"的地位，无疑能够有效遏制地方政府"卖地敛财"的动因。而且，由于集体产权无须转换即可上市，地方政府凭借土地产权抵押融资的可能性大为减少，顺势也弱化了地方政府负债融资的依靠，为减控地方政府性债务提供了条件。

缩小土地征用范围会大大弱化了地方政府以公益的名义强征强拆的可能，不仅有助于缓和社会矛盾，也使得因征地范围的大规模减少而弱化土地财政的可选择范围。甚至，即使按照严格意义上的公益名义征用土地，也需要按照市场化原则补偿被征地农民，健全被征地农民社会保障制度，多渠道安置被征地农民，确保被征地农民长远生计等多方面的制度规范而使土地的售卖行为本身无利可图。

如果这些方面执行得好，很可能会使挤压集体土地利益的“土地财政现象”成为历史。

为此，要抓紧修订和制定土地管理相关法规和制度，尽快划定农村集体经营性建设用地交易符合规划和用途管制范围。在规划方面，进一步明确农村集体经营性建设用地入市管理程序，加强农村集体经营性建设用地收益分配使用管理的制度规范。可以说，这些方面改革的进展与土地财政的日益规范呈现出正相关关系。

（二）逐步构建科学合理、公开透明的土地利用规划制度，并以立法保障

近年来我国多次尝试利用土地政策调控宏观经济，但是地方政府土地扩张冲动不仅没有削弱，反而有进一步加强的趋势。当前随着我国城市化进程快速推进，城镇建设用地需求大幅增长，合理的用地需求与地方政府的卖地动机交织在一起，地方土地利用规划一改再改、一扩再扩，严重冲击了规划的严肃性。为此，我们认为强化土地利用规划对规范地方政府土地出让行为至关重要。一是针对城市化、工业化的实际情况，广泛征集民意，制定更为科学、严谨的土地利用规划，以立法的形式规划的效力，从而增强规划执行的严肃性。二是严格供地定额制度，促进土地集约利用。建议采取两种供地额度审批制。其一在缩小现有地方建设用地规模的基础上，设置地方政府年度用地定额，以此满足其城镇化用地正常需求量；其二中央集中一部分用地指标，机动分配给有国家级大项目落地的土地配套指标。通过定额与机动相配合的供地模式切实解决粗放用地、闲置浪费土地、过度开发土地等问题，不断提高土地利用效率。三是将土地利用规划公开化、透明化，接受广泛的社会监督，防止“朝令夕改”，变相扩张土地。四是实行土地规划管理和用地适度分工制衡机制。为了确保土地利用规划的严格执行，可以考虑将土地规划管理机构和市县政府适度分离的办法，土地规划管理机构或者全面实行垂直管理（如目前采取的“省垂直”，或者直接隶属于中央政府），或者在同级政府中和行政分离，隶属于人大管理。

（三）逐步完善国有土地出让收入征收方式，逐步实行“年租制”

我国的建设用地使用权实行批租制是在改革开放后从发达国家和地区引入这种地租模式，在相当长一段时间内，土地批租为地方发展经济和基础设施建设提

供了大量资金。但是，“批租制”模式一方面在一定程度上扭曲了土地市场价格形成机制，抬高了房地产价格，另一方面加剧了地方政府的短期化行为。引入“年租制”的好处在于可以引导地方政府土地出让金收取平滑化，扭转地方政府寅吃卯粮式的土地财政模式，克服每一届政府的短期化行为和道德风险，实现土地收益的代际均衡。

为此，我们建议逐步采取国有土地出让的“年租制”。一方面，对于已经出让但还没有完全收回土地总价款的土地收入采取“影子年租制”的办法，即将陆续收回的土地收入据实扣除开发成本后按照年租价格收入分摊在土地出让期限内的未来各个年度使用，消除每一届政府的道德风险。这些资金的余额，可以专户存储的方式留存，纳入政府资产负债表管理，那些超出本届政府任职年度的土地出让收入，一般不能轻易动用。只有在极端需要的情况下，经规范、透明的论证和申请程序后，本届政府可以通过债务借入方式使用，在离任时将其作为一个重要的离任考核指标评价其得与失；另一方面，对于还未出让的土地直接实行“年租制”，既可以减轻土地投资者的即时负担，减轻地价上升压力，也可以达成均衡地方政府土地收益，克服短期化行为的目的。

（四）改革行政考核评价体系，抑制地方政府经营土地的冲动

土地财政的扩张与政府职能转轨不到位、行政考核评价体系不科学密切相关。十八届三中全会《决定》提出，要纠正过去单纯以经济增长速度评定政绩的偏向，在未来的政绩评价和考核中要加大资源消耗、环境损害、生态效益、科技创新、安全生产、新增债务等指标的权重。这意味着政绩的考核更为科学、更为系统，同样也有助于弱化土地财政现象。这是因为 GDP 考核助长了地方政府不择手段开发资源、占有土地、发展工业。从短期看，经济总量上看增长很快、很大，区域经济就发展了，但带来的后果也同样严重，如土地的滥用、环境的破坏、债务的高企。靠高价卖地的土地财政是地方政府偿还债务，支撑以 GDP 为主的考核机制的重要方式。因此，考核机制的多元化，尤其是加重对经济发展和社会进步具有负面影响的指标评价，很有可能使一些地方官员的政绩“得势不得分”，有助于弱化土地财政，减控地方政府性债务，保护资源和环境。

（五）深化财政改革，增强地方财政能力

地方政府财政能力不足也是驱使地方政府大幅度依赖土地运营、土地财政的原因之一。尤其是自“营改增”以来，地方政府的财源建设已经到了需要从政府间财政体制变革来着手的地步。总体来看，我国政府间财政关系的稳定变革，首先需要解决好预算管理改革和地方税收体系建设等问题。

预算管理改革的主要目的是统一预算，公开透明。我国目前的预算体系包括公共财政预算、基金预算、国有资本金预算和社会保障预算。就近年来预算改革的成就看，政府收入基本上纳入预算管理，预算外资金已经成为历史。但四个预算并立的现实依然说明预算编制和立法审查诸方面缺乏统一、缺乏统筹。作为土地财政的重要组成部分的土地出让收入目前是在基金预算内编制的，财政部门缺乏统筹能力，立法部门也没有给予足够的审议，客观上助长了这部分收支的随意性。因此，预算改革的方向应该是逐步打破公共预算和基金预算的分割，增强财政部门的预算统筹能力和人大的审核力度。这为规范土地财政提供预算控制的基础。

构建地方税收体系是增强地方政府财政能力的重要一环，一是推动开征真正意义上的房地产税。这一方面可以为地方政府奠定较为客观的财政基础，减轻对土地财政的依赖，另一方面也有助于平抑房地产价格。目前，沪渝两地房地产税改革试点具有十分重要的意义，但由于尚处于试点阶段，制度建设、机制理顺意义多过于资金筹集意义。着眼于未来，在积极扩大房产税改革试点城市范围的基础上，还应对房产税的征收范围和征收方式调整，逐步将其打造成地方政府的主体税种。二是全面改革资源税费制度、加快推进资源税改革向原油、天然气之外的其他金属、非金属矿的“扩围”，有助于增强地方政府特别是西部资源富聚而发展相对落后地区地方财政能力，助推其城市化建设进程。三是改革城镇维护建设税，使之成为城镇化建设和维护的重要地方财政资金来源。遵循税种独立性、便利性、普遍性的原则，改变目前城市维护建设税作为“三税”（增值税、消费税和营业税）的附加税的地位，扩大其征收范围，改变其计税依据，对纳税人不分内外，凡有经营收入的单位和个人都应按其销售收入、营业额和其他经营收入为计税依据进行征税。一方面，使其成为独立的税种，提高其地位，更好地发挥作用。另一方面，也可以扩大税基，稳定税源，保证收入。四是适时开征遗产

税和赠与税。根据继承法合理确定纳税人、课税对象范围以及税前扣除项目，按照轻税、简便原则设计税率和确定起征点，尽快建立财产登记制度，以便创造良好的基础条件[①]。

在预算管理改革和地方税收体系建设的基础上，依据“财力与事权相匹配”的原则，重点就“支出责任与事权相适应”方面进行改革。为此，首先要考虑将诸如养老、土地规划管理、司法等领域的支出责任上收到中央政府，减轻地方政府政府的财政压力；其次，通过转移支付制度改革，清理归并专项转移支付，增强一般性转移支付能力，增强对地方政府基本公共服务的财力保障。其中，要考虑到对诸如教育、医疗卫生、社会保障、公共交通等领域基础设施建设的保障力度，以减轻地方政府依赖土地财政进行相关领域基础设施的程度。

（六）改革机械式收益切割方式，建立土地出让净收益储备基金制度，着眼解决长远问题

在现行体制下，土地出让收入主要归市县政府所有，土地净收益使用的随意、低效、重复建设以及不透明等问题始终缺乏有效的制度约束，反过来，地方政府在政绩观驱动下没有动力将净收益投向公共服务的薄弱环节和领域。基于此，中央政府出台硬性规定了土地净收益用于农村教育、保障房和农田水利等方面的分配比例。我们认为早期的土地出让净收益分配政策取向缺少明确的制度约束是问题的一个方面，但是自上而下机械式的收益切割方式会把问题的解决引向另一个极端。城镇化进程中土地资源升值为地方政府带来了超额地租收益，是全体公民的共有财富，缺少管理是不作为，硬性切割也会脱离客观实际，导致低效使用。我国正处于经济体制构建完善的转轨时期，未来中长期可预见的和不可预见的改革成本都需要财政公共支出及时跟进，目前“零打碎敲”式使用、甚至是“吃光分净”都不是用好土地收益的最优选择。建议整合归并已有的具有专项性质的计提项目，改为统一按照固定比例滚动留存净收益，设立土地收益储备基金。例如，改革初期可以考虑设置为50%，随改革的深入分阶段提高净收益的留存比例。为土地储备基金的使用设置严格、公开

① 贾康等，《城镇化进程中的地方政府融资》，《经济研究参考》2013年第13期。

的审批程序，形成全社会监督[①]。

（七）适度控制土地融资的规模

有效控制政府债务风险，需要在利用土地杠杆融资、加快经济社会发展的过程中，防止土地融资风险倒逼财政，引发政府信用危机。为此，建立国有土地收益权质押财政备案制度。凡是利用国有土地收益权进行质押贷款的，必须到财政部门登记备案，以切实掌握利用土地抵押进行融资的整体规模，及时对土地融资风险进行有效的评估和监控。建立和完善政府债务预警制度。对于政府债务负担超过一定程度的区（市）县，向有关银行、国土部门发出预警，对没有偿还原有贷款、改善负债状况的地方政府，停止办理国有土地收益权质押贷款[②]。对于违纪行为要加强惩罚力度。

《“土地财政”问题研究》课题组

课 题 顾 问： 王朝才

课 题 主 持： 赵全厚

课题组成员： 赵全厚　马洪范　张立承
封北麟　陈新平　刘　薇

课 题 执 笔： 赵全厚　张立承　封北麟

① 王朝才、赵全厚、张立承、封北麟，《如何看待土地出让收入》，财政部财政科学研究所《研究报告》，2013 年第 73 期。

② 唐在富、苏明执笔，《解决中国土地财政问题的制度设计与政策建议》财政部财政科学研究所《研究报告》2013 年 197 期。

我国城镇化进程中的地方政府融资

课 题 组

一、我国城镇化进程中地方政府投融资体制机制变迁

我国城镇化的快速推进与地方政府融资具有紧密的相关性，在实践中形成了互为因果、循环推动的动态关系。研究我国地方政府投融资不能脱离城镇化发展的大背景，而研究城镇化发展不能缺失地方政府投融资这样一个重要的动力机制和保障机制。

新中国成立以来，我国的城镇化发展大体经历了政府主导的“自上而下”的城镇化发展（1949—1978 年）、以制度变迁为前提和乡镇企业发展为标志的“自下而上”的城镇化发展（1979—1991 年）、快速工业化驱动下的“扩散型”城镇化发展（1992—2008 年）和政策驱动型的城镇化发展（2009—2013 年）四个分具不同特点的城镇化发展阶段。至 2013 年，我国人口城镇化率（按常住人口测算）达到 53.73%。其中，东部地区的人口城镇化率平均为 62.2%（2013 年），中部地区人口城镇化率为 48.5%（2013 年），西部地区人口城镇化率为 44.8%（2013 年）。但是，无论全国数据还是区域数据均显示出我国的城镇化水平距离发达国家 80% 以上的人口城镇化率仍然有很大差距，特别是中西部地区，未来发展空间巨大。见图 1、图 2。

与经济体制改革相适应，与城镇化快速推进相协调，我国地方政府的投融资体制也在不断发生着改变。地方政府投融资体制的变革事实上是我国经济改革中政企分开、中央与地方事权划分、地方政府支出责任变迁的一个集中体现。与城

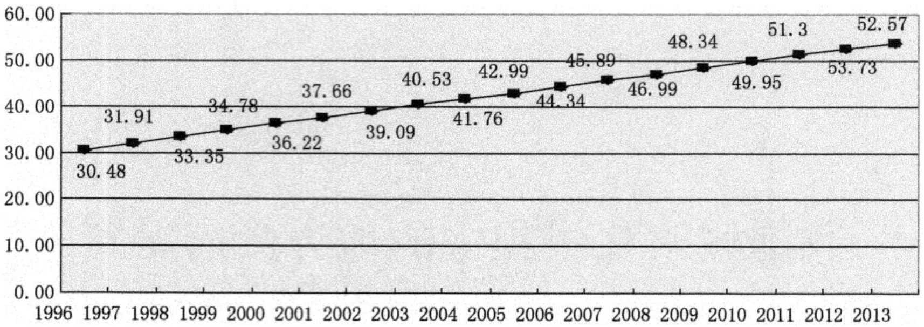

图 1　我国人口城镇化率变化（1996—2013）

数据来源：国务院《国家新型城镇化规划》，http://news.163.com/14/0317/06/9NH5KS8L00014AED.html。

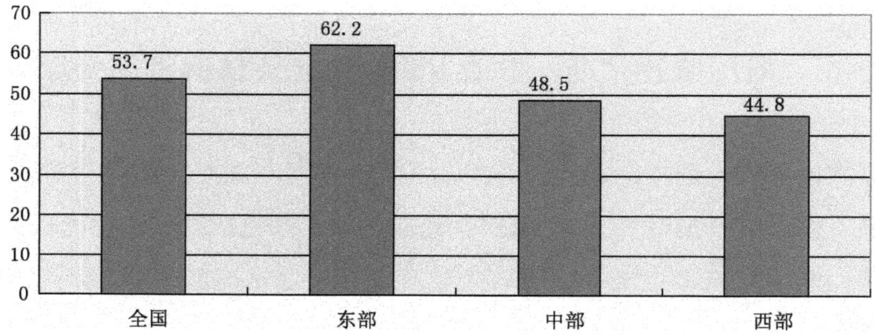

图 2　我国东中西部城镇化水平（2013）

数据来源：国务院《国家新型城镇化规划》，http://news.163.com/14/0317/06/9NH5KS8L00014AED.html。

镇化历史进程相对应，我国政府投融资体制的改革大体经历了四个阶段：

第一阶段（1949—1978 年）：政府投融资中央指令性计划管理阶段。这一时期，我国基本建设领域总体上采取了中央指令性计划管理的计划经济模式，从建设资金分配和项目管理两个方面确立政府，而且主要是中央政府，在基本建设领域的完全主导地位。税收、企业利润、更新改造基金、固定资产折旧和大修理费等基本建设资金的主要来源全部上缴政府，由中央政府以指令性计划的方式，按部门和地区切块方式分配建设资金，通过财政无偿拨款交建设单位无偿使用。广大企事业单位和个人不允许也不具有投资能力，外资基本被完全排斥。这种中央集权式政府投资体制在工业基础近乎空白、国民经济总量极其有限的特定条件下，对迅速改变我国经济落后面貌发挥了巨大历史作用。但随着社会、经济条件逐步发生改变，计划集权型政府投资体制逐渐暴露出它的缺点和不足，并越来越发展演变为一种僵化的模式，以至阻碍了社会经济进一步发展。

第二阶段（1979—1992 年）：政府投融资体改革的探索阶段。这一阶段以基本建设领域的“拨改贷”试点打破了基本建设由政府无偿拨款的计划经济模式。“拨改贷”方式的推广实质上是通过市场化的信贷方式对投资主体形成预算约束，强化经济核算意识，提升建设资金的使用效率，这为基本建设领域的市场化改革打开了突破口。但是，对于国防科研项目、各级各类学校等无经济效益项目，不再采用“拨改贷”方式，恢复拨款办法，继续承担政府应当承担的投资责任。地方投资项目的审批权限也不断扩大，由 20 世纪 80 年代初期的 1000 万扩大到 80 年代后期的 5000 万（1988），基本建设投资项目集中管理的体制被打破。

随着地方政府投资权限的扩大，为满足投资需求的地方政府融资也在一些地区（尤其是东部沿海地区）逐步突破法律、体制限制，利用法律和政策的“灰色地带”不动声色的悄然进行。这一时期比较典型的模式是“土地换资本”。地方政府通过许诺开发商建设项目周边土地的开发权换取开发商对所需建设的公共基础设施的资金投入。这种模式在很大程度上解决了地方政府城镇化建设中的资金不足问题。

第三阶段（1993—2003 年）：政府投融资体制改革的扩大阶段。以 1993 年十四届三中全会通过的《中共中央关于建立社会主义市场经济体制若干问题的决定》中关于“在投资领域实现市场对资源配置的基础性作用”的决定为指导，初步界定政府投资与社会投资边界，提出将投资项目划分为公益性、基础性和竞争性三大类。公益性项目分别由中央政府和地方政府投资建设；基础性项目以政府投资为主，并广泛吸引企业和外资参与投资；竞争性项目由企业投资建设。这一划分奠定了政府和市场、中央与地方投资边界的理论基础。特别是 2001 年以来，对于不需要国家投资的城市基础设施、农林水利、社会事业项目、房地产开发、商贸设施五大类投资项目，投资总额在 2 亿元以下的，不必报中央审批，改为“谁投资、谁决策、谁受益、谁承担风险”的原则，地方政府出资的由地方政府审批。地方政府的投资权限得到进一步扩大。

这一时期，由于地方政府投资权限得到进一步扩大，在经济快速发展和地方政府“政治竞争”的驱动下，地方政府市场化融资也在进一步扩大。这一时期最典型的特征是地方政府融资平台的出现并不断被各地政府效仿。这些平台公司基本上是地方政府组建的城市建设开发投资公司、城市资产经营公司等，负责公共交通、道路桥梁、燃气、水务、农业、地铁、港口等城市和农村基础设施建设及重大产业发展投资。政府通过划拨实物（如土地）、货币（财政资金）、无形资产（特许权）等形式，迅速组建资产规模和现金流均可达到融资标准的公司，必要时再辅之政府承诺函、财政补贴和设立政府偿债基金作为还款保证，通过土地资本化、特许权资本化、政府支出资本化等方式实现多渠道融资，将筹集的资金运用于市政公用事业等项目。

第四阶段（2004 年至今）：政府投资体制改革全面深化阶段。以 2004 年《国务院关于投资体制改革的决定》为标志，进一步明确了“建立市场引导投资、企业自主决策……的新型投资体制”的改革目标，同时也进一步规范了政府的投资行为。在合理界定政府投资范围方面，把政府投资限定在“主要用于关系国家安全和市场不能有效配置资源的经济和社会领域，包括加强公益性和公共基础设施建设，保护生态环境，促进欠发达地区的经济和社会发展，推进科技进步和高新技术产业化”。同时，进一步合理划分中央政府与地方政府的投资事权：中央政府投资除本级政权等建设外，主要安排跨地区、跨流域以及对经济和社会发展全局有重大影响的项目。这一原则性的划分在事实上进一步加大了地方政府在促进本区域社会、经济发展过程中的公共投资责任。

在这一阶段，我国地方政府融资经历了阶段性的高峰期和调整期。特别是 2008 年为应对全球金融危机，4 万亿公共投资催生地方政府融资的空前高涨，地方政府融资平台模式被经济发达和次发达地区广为推广和做大，通过平台整合（类似和相近领域融资平台被整合以扩大资产规模提升平台融资能力）、资金整合等方式强化地方政府的融资能力，并不断创新融资方式，从最初主要依赖政策性银行贷款、商业银行贷款向以“城投债”为代表的公司债和企业债的债券融资、银行间市场的中期票据和短期融资等票据融资以及通过信托等影子银行渠道的民间融资发展。公私合作模式下的 BOT、BT 等融资模式也在这一时期被我国地方政府广为尝试。这一时期，对如何规范发展地方政府融资具有旗帜意义的地方政府债券在中央政府的主持下得以发行，并进一步推动自行发债试点。但是，随着金融危机逐步解除，欧洲主权债务危机的爆发和我国经济的调整发展也将地方政府融资长期积累的地方政府债务抬出水面。自 2010 年以《国务院关于加强地方政府融资平台公司管理有关问题的通知》为号角，以银监会清理整顿地方政府融资平台贷款为切入口，一系列约束、规范地方政府融资的政策措施不断出台，地方政府融资空间和渠道被强力压缩。我国地方政府融资进入调整期。

总体看，改革开放以来，我国投融资体制的改革呈现出投资权限不断下放的总体趋势，地方政府在区域性基础设施建设、公用事业发展、地方产业建设、生态环境保护、科技进步等多方面承担了越来越多的投资责任。投资事权的急剧扩大与建设资金有限增长之间的矛盾促使地方政府不断突破法律和政策限制，游走在政策灰色地带，创新融资方式，为推动地方城镇化建设发挥了重要作用。但是，不规范的无序融资也埋下地方政府巨大的债务风险，如何规范地方政府融资——“开前门、堵后门、修围墙”是我国地方政府在适应新型城镇化建设过程必须不断探索、改革的重要内容。

二、我国城镇化进程中地方政府融资现状

（一）融资渠道

目前，我国地方政府融资主要通过政府配置、行政调节的内源融资渠道和以市场配置为基础、强调市场约束的外源融资渠道获得资金。内源融资渠道包括预算安排、公用事业收费、国债转贷、财政周转金与财政借款、外国政府或国际组织贷款等；外源融资渠道主要是地方政府债券和以地方政府融资平台公司为载体的地方政府信用融资，包括银行贷款、企业债或公司债、信托融资、公私合作等。

1. 内源融资渠道。

预算安排资金。预算安排包括公共财政预算和基金预算，资金来源主要有城市建设维护税、土地出让金、基础设施配套费等。其中，土地出让金主要用于土地开发平整过程中的基础设施建设。城市建设维护税、基础设施配套费在市政基础设施建设和运营维护中发挥了重要引导性作用。公用事业收费是地方公用事业单位，包括供排水与污水处理、供热、供气、轨道交通等，以自营收入投资基础设施。

财政周转金与财政借款。财政周转金是由财政部门管理，按照有偿原则周转

使用的财政资金。财政周转金始于20世纪70年代，是政府按照“拾遗补缺、保本微利、注重社会效益”的原则设立的，主要用于扶持部分事业发展。随着我国市场经济体系的逐步建立和完善，财政周转金借款在20世纪末逐步退出历史舞台。财政借款是指各级政府利用国库闲置资金，通过“暂存款”、“暂付款”预算科目按照有偿原则对外出借或垫付的财政资金。财政借款主要用于扶持重点项目建设、重点行业发展。2013年随着加强财政结余资金管理，对财政借款也进行了清理整顿与规范。

地方政府申请国外贷款。从20世纪80年代中期开始，为更好地满足国内建设的资金需要，经国务院批准，地方政府通过财政部和银行转贷等方式借入大量国际金融组织和外国政府贷款，并由省级财政部门负责统筹管理。到90年代中期，地方公共机构借用国外贷款达到高峰。之后，国家进行了政策调整，实行地方政府统借自还，许多地方出现偿债困难，国家只得又将其改为国家统借统还。

国债转贷地方。1997年亚洲金融危机爆发后，中央政府为扩大有效内需，促进国民经济持续稳定发展，在1998年增发一定数量的国债，由财政部转贷给省级（包括省、自治区、直辖市以及计划单列市）政府用于地方发展建设项目。转贷资金在省级范围内统借、统筹、统还，实行专户管理。转贷资金从财政部拨款之日起开始计息。省级财政部门必须在规定期限内向财政部还本付息。据统计，1998—2005年中央累计转贷地方国债2530亿元。

从实践来看，政府内源融资基本不能满足地方政府投资需求，更多的是发挥财政引导与兜底担保作用。地方政府公共投资迫切需要通过其他渠道大规模融资。

2. 外源融资渠道。

政府外源融资渠道主要是地方政府债券和以地方政府融资平台公司为载体的地方政府信用融资，包括银行贷款、企业债或公司债、信托融资、公私合作伙伴关系（PPP）等。20世纪90年代，面对地方城市化与工业化快速推进引发的巨额的基础设施投资，很多地方政府绕过《预算法》、《担保法》约束，通过划拨实物（如土地）、货币（财政资金）、无形资产（特许权）等形式组建城市建设开发投资公司、城市资产经营公司等不同类型的企事业单位作为融资平台，再辅之政府承诺函、财政补贴和设立政府偿债基金作为还款保证，实现多渠道融资，将筹集的资金运用于公共交通、道路桥梁、燃气、水务、农业、地铁、港口等城市和农村基础设施建设。

地方政府债。2009年和2010年，为应对全球金融危机，经国务院批准同意，以省、自治区、直辖市和计划单列市政府为发行和偿还主体，由财政部按照记账式国债发行方式，采用荷兰式招标，通过“财政部国债发行招投标系统”，面向承销机构进行招标代理发行（包括代办还本付息和支付发行费）4000亿元可流通记账式债券。债券收入全额纳入省级财政预算管理，市、县级政府使用债券收入的，由省级财政转贷，纳入市、县级财政预算。代发债券收入安排的支出纳入地方各级财政预算管理。资金主要用于中央投资地方配套的公益性建设项目及其他难以吸引社会投资的公益性建设项目支出。2011年经国务院批准，上海市、浙江省、广东省、深圳市开展地方政府自行发债试点。2013年增加江苏、山东两省。2014年国务院审批决定上海、浙江、广东、深圳、江苏、山东、北京、江西、宁夏、青岛试点地方政府债券自发自还。截至2014年底，预计累计发行的地方债规模为16000亿元。

地方政府融资平台公司的运作主要是通过资本化方式实现，主要包括：土地资本化、政府支出资本化和特许权资本化三种方式。具体方式包括银行信贷、企业债、公司债、中期票据、信托融资、公私合营等。融资平台公司以政府注入的资产进行抵质押向银行申请贷款是最主要政府外源融资方式。银行在地方政府出具相应承诺函后，对抵质押资产的价值进行估算，然后按照估算价值的一定比例向平台公司提供抵质押贷款。此外，地方政府融资平台公司还通过资本市场以“企业债”、“公司债”名义筹集地区基础设施建设资金。特别是2008年以后，企业债券发行实行核准制，发债企业和筹资规模有所宽松，融资平台发行的城投企业债券逐渐成为市场主流。虽然，这些债务在法律意义上仍属于“企业债”，但是这些债券的发行通常是在地方政府的授意下发行，承担了政府职能，并且依据所投资项目的公益性程度和是否具备现金流收入给予了财政补贴或政府担保，融入政府信用，具备发达资本市场已成熟发展的市政债的一些基本特点，可以说是中国市政债的“早期雏形”或者是“准市政债”。信托融资通常是在地方政府授意下由平台公司将能够产生现金流的信托财产以“真实出售”的方式转让给特定信托机构，由信托机构向投资者筹措资金，并将信托财产未来可以预期的收益现金流用于向投资者支付到期时的本息。2003年上海外环隧道工程建设采用的就是信托融资。公私合作是地方政府或其授权机构（平台公司）与私营商签订长期协议，授权私营商代替政府建设、运营或管理公共基础设施并向公众提供公共服务。具体运作方式包括 BOT、TOT 等。公私合作通常以特许经营为基础，以社会公开招标的方式，授予中标企业项目特许经营权，再由中标企业以特许经营权作为质押，通过银行信贷或资本市场融资建设。公私合作方式可以减轻地方政府即期融资压力，由私营商与政府共担项目风险。

（二）融资规模与结构

我国地方政府融资的主要形式是债务融资，因此，地方政府融资规模大体可以依据地方政府债务规模的大小进行判断。根据我国审计署 2013 年地方政府债务审计公告，可以得知，截至 2013 年 6 月，我国地方政府负有直接偿还责任的债务为 108859.17 亿元，负有担保责任的债务 26655.77 亿元，可能承担一定救助责任的债务 43393.72 亿元。

从政府层级看，省级、市级、县级、乡镇政府负有偿还责任的债务分别为 17780.84 亿元、48434.61 亿元、39573.60 亿元和 3070.12 亿元。其中，市级、县级政府占比达到 44.49% 和 36.35%，是地方政府负有直接偿还责任债务的主要借债主体。不仅如此，市、县级政府也是地方政府负有担保责任和一定救助责任债务的债务主体，是地方四级政府中融资最多、偿债压力最大的政府（参见表 1）。

表 1　我国各级地方政府债务结构　单位：亿元,%

债务类别	小计		省级		市级		县级		乡镇	
	金额	比重	金额	比重	金额	比重	金额	比重	金额	比重
直接债务	108859.17	100%	17780.84	16.3%	48434.61	44.5%	39573.60	36.4%	3070.12	2.8%
担保债务	26655.77	100%	15627.58	58.6%	7424.13	27.9%	3488.04	13.1%	116.02	0.4%
其他相关债务	43393.72	100%	18531.33	42.7%	17043.70	39.3%	7357.54	17.0%	461.15	1.0%

注释：政府直接债务，政府负有直接偿还责任的债务；政府担保债务，政府负有担保责任的债务；其他相关债务，政府负有一定救助责任的债务。

数据来源：审计署 2013 年第 32 号公告《全国政府性债务审计结果》。

从融资主体看，截至 2013 年 6 月底，融资平台公司、政府部门和机构、经费补助事业单位是政府负有偿还责任债务的主要举借主体，分别举借 40755.54

亿元、30913.38 亿元、17761.87 亿元，占比分别为 37.44%、28.40% 和 16.32%。但是，与 2010 年底相比，这三类举借主体的各类债务占比具有明显下降。然而，与此同时，2013 年审计报告中出现了国有独资或控股企业和自收自支事业单位两个新的举债主体。二者举借的政府负有直接偿还责任的债务、担保责任债务和救助责任债务分别达到 15025.45 亿元、6132.06 亿元和 16223.89 亿元，占三类债务的比重分别为 13.8%、23.01% 和 37.38%。充分反映了自 2010 年中央政府清理融资平台公司和严控地方政府债务以来，地方政府为规避政策调控，通过新的渠道进行融资，而且规模急剧增加。见表 2。

表 2　　地方各级政府举债主体的债务余额结构　　单位：亿元，%

举债主体类别	政府直接债务		政府担保债务		其他相关债务	
	债务余额	比重	债务余额	比重	债务会额	比重
融资平台公司	40755.54	37.44%	8832.51	33.13%	20116.37	46.36%
政府部门和机构	30913.38	28.40%	9684.20	36.33%	0.00	0
经费补助事业单位	17761.87	16.32%	1031.71	3.87%	5157.10	11.89%
公用事业单位	1240.29	1.14%	143.87	0.54%	1896.36	4.37%
国有独资或控股企业	11562.54	10.62%	5754.14	21.59%	14039.26	32.35%
自收自支事业单位	3462.91	3.18%	377.92	1.42%	2184.63	5.03%
其他单位	3162.64	2.90%	831.42	3.12%	0.00	0
合　计	108859.17	100%	26655.77	100%	43393.72	100%

注释：同表 1。

从融资方式看，银行贷款仍然是最主要的债务融资方式，分别占三类债务融资规模的 50.75%、71.60% 与 61.87%。但是，相比 2010 年银行贷款比重的 74.84%、81.88% 和 91.77%，已经有了明显的下降。其主要原因是银监会依据国务院清理规范融资平台和地方政府债务的意见而实施的包括贷款风险分类管理和名单制在内的一系列严控地方政府融资平台贷款的措施。由于银行贷款渠道的收紧，地方政府转而寻求其他融资渠道，反映在 2013 年债务审计报告中，其他类型债务占比提高，包括发行债券、BT 融资、信托融资、证券保险业金融机构融资以及融资租赁。其中，BT 融资和信托融资成为地方政府融资的新宠，二者占比分别在三类债务中达到18.16%、11.23%和14.42%。但是，此类方式融资成本较高，且期限不长，对地方政府形成的偿债压力较大。见表3。

表3 地方政府举债方式 单位：亿元,%

债权人类别	政府直接债务		政府担保债务		其他相关债务	
	债务余额	比重	债务余额	比重	债务余额	比重
银行贷款	55252.45	50.75%	19085.18	71.60%	26849.76	61.87%
国债、外债等财政转贷	1326.21	1.22%	1707.52	6.41%	0.00	0
发行债券	11658.67	10.71%	1673.58	6.28%1	5124.66	11.81%
BT	12146.30	11.16%	465.05	1.75%	2152.16	4.96%
应付未付款项	7781.90	7.15%	90.98	0.34%	701.89	1.62%
信托融资	7620.33	7.00%	2527.33	9.48%	4104.67	9.46%
其他单位和个人借款	6679.41	6.14%	552.79	2.07%	1159.39	2.67%
垫资施工、延期付款	3269.21	3.00%	12.71	0.05%	476.67	1.10%
证券、保险业和其他金融机构融资	2000.29	1.84%	309.93	1.16%	1055.91	2.43%
融资租赁	751.17	0.69%	193.05	0.72%	1374.72	3.17%
集资	373.23	0.34%	37.65	0.14%	393.89	0.91%
合计	108859.17	100%	26655.77	100%	43393.72	100%

注释：同表1。

（三）融资风险

根据依据2011年和2013年国家审计署对我国地方政府性债务的审计结果分析，当前，我国地方政府债务融资风险主要呈现以下几个特征：

一是市、县两级政府债务融资风险最为突出。根据2013年审计署地方政府性债务审计公告，截至2012年底，有3个省级、99个市级、195个县级、3465个乡镇政府负有偿还责任债务的债务率高于100%，分别占同级审计对象的9.6%、25.3%、7%和10.47%；其中，有2个省级、31个市级、29个县级、148个乡镇2012年政府负有偿还责任债务的借新还旧率（举借新债偿还的债务本金占偿还债务本金总额的比重）超过20%。与2010年底相比（参见表4），我国债务率高于100%的省级、市级、县级和乡镇政府明显有所增加，尤其是市级与县级政府增加尤为明显，分别新增21家和96家。如果进一步结合当前我国地方政府财力、财权和事权分配状况，市、县两级政府的债务融资风险最大。特别是县级政府，由于县域经济总体较为薄弱，城市化和工业化程度不高，财政能力也处于弱势，且在短期内土地缺乏足够开发潜力，更容易成为地方政府性债务风险的聚汇点。

表4　　地方政府债务率与借新还旧率

	债务率高于100%			借新还旧率高于20%		
	新增	2010年	2012年	新增	2010年	2012年
省级	0	3	3	0	2	2
市级	78	99	21	22	31	9
县级	99	195	96	20	29	9
乡镇	—	3465	—	—	148	—

数据来源：审计署2011年第35号公告《全国地方政府性债务审计结果》、2013年第32号公告《全国政府性债务审计结果》。

二是地方政府融资平台公司是我国地方政府融资风险的主要风险源。根据2013年审计署报告，融资平台公司所借债务占我国地方政府性债务余额的37.44%，是最主要的直接债务人。然而，我国相当部分的地方政府融资平台公司存在资产负债率高、资产变现能力差、盈利能力弱、法人治理结构不完善、资本金到位率低、政府违规注资等不规范现象，县域融资平台公司尤为突出。

三是地方政府融资风险渐趋隐蔽、传染效应更明显。随着国家对地方政府性债务管理的加强和银行对地方政府及其融资平台公司信贷投放的从紧，一些地方通过信托贷款、融资租赁、售后回租、发行理财产品、BT（建设—移交）、垫资施工和违规集资等“影子银行”渠道变相举债融资的现象较为突出。这些融资方式隐蔽性强，不易监管，且筹资成本普遍高于同期银行贷款利率，通过此类融资渠道积累的地方政府性债务风险更为隐蔽且传染效应速度更快、波及面更广。

四是地方政府融资风险的内涵更为复杂，期限错配风险更为突出。为规避当前融资政策约束，越来越多的地方政府再度启用公私合作框架下的代建制，包括

BT 模式、BOT（建设—经营—移交）模式等，利用民间资本推动地方基础设施建设和公用事业的发展。虽然这种方式可以快速解决地方政府筹资难问题，但是作为应急之策，在实际运作过程中如果定价不准、分险分担不合理可能导致更大的期限错配风险。

五是化解地方政府融资风险的难度更大，成本更高。近期地方政府融资发生的一个显著变化是地方政府债、城投债、中期票据、短期融资券等在内的直接融资方式得到越来越多的使用。虽然，直接融资方式的增多意味着地方政府性债务更为规范和透明，但同时也意味着化解地方政府债务风险的难度更大，成本更高。相比传统信贷方式下的贷款展期、借新还旧等债务违约化解方式，以公开发行债券形成的地方政府性债务一旦出现偿付危机，债权人有权要求债券发行人破产清算。虽然这种操作在我国尚无先例，但是通过与众多债权人谈判协商方式重组债务，其交易成本极大，地方政府化解债务风险的难度也明显增加。

通过对我国融资现状的分析可以看出，解决地方政府融资压力与风险问题，不仅需要“开明渠、堵暗道”解决外源融资的规范性问题，也需要从政府管理体制机制的改革增强地方政府内源融资能力、支出责任的合理化以及债务风险管理的规范化问题。只有“内外兼修”才能从根本上防范和化解地方政府融资风险。

三、我国城镇化进程中地方政府融资的内在机理

纵观我国地方政府融资体制机制改革变迁与融资现状，推动我国地方政府融资快速发展的合理基础和主要原因有 6 个方面：一是寻求基础设施建设成本与收益分配的代际公平为地方政府融资提供了合理的微观基础；二是合理的负债投资有助于推动区域经济增长；三是地方政府投资权限在不断扩大，为地方政府融资提供空间和动力；四是快速城镇化引致了大规模的公共投资需求；五是不合理的行政绩效考评制度和政治竞赛引发地方政府首脑的投资冲动；六是地方政府财力、财权和支出责任的不匹配。

（一）寻求基础设施建设成本与收益分配的代际公平为地方政府融资提供了合理的微观基础

根据审计署2013年政府性债务审计公告，我国地方政府负有偿还责任的债务中，用于公益性、基础性项目的支出占全部债务资金的86.77%，大部分用于基础设施建设。基础设施融资是我国地方政府融资的最主要目的。这不仅符合政府债务支出的“黄金法则”，而且也是确保基础设施建设成本和收益分配的代际公平的客观需要。基础设施从规划设计、建造、运营维护直至最终报废，跨期数十年，其中建造成本主要集中在建设期的若干年内，而服务流却是在建成后的数十年内持续完成，因此成本支出与收益分布不均。因此，确保基础设施建造成本与收益分配代际公平的合理资金筹措方式是债务融资，由未来享受基础设施服务的受益人承担相应的成本。

（二）合理的负债投资有助于推动区域经济增长

政府债务与经济增长之间的长期关系也是我们考察我国地方政府债务当前和未来发展态势的一个重要维度。2010年欧洲中央银行通过对欧洲12个国家（奥地利、比利时、芬兰、法国、德国、希腊、爱尔兰、意大利、卢森堡、瑞典、葡萄牙、西班牙）近40年跨度（1970—2010年）的经验研究①表明：政府债务与经济增长的关系呈现倒U型曲线特征（参见图3），当政府负债率（debt - to - GDP）低于90%—100%时，政府通过债务增加公共投资对经济增长产生积极的作用；当政府负债率高于90%—100%时，政府债务通过私人储蓄、要素生产率、利率等渠道对经济增长的负面影响超过公共投资带来的正向效应，政府债务对经济增长产生不利影响。因此，从这一层面看，只要将政府债务规模控制在合理限度范围，政府债务投融资对促进区域经济发展具有合理性。

（三）地方政府投资权限的不断扩大

改革开放以来，随着中央集权控制的计划经济模式退出历史舞台，市场在资

① 参见2010年欧洲中央银行报告《政府债务对经济增长的影响：欧洲国家的经验》（Working Paper Series No 1237）。

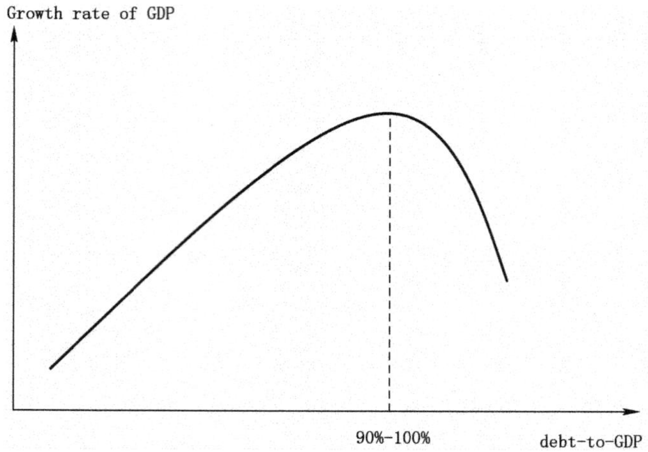

图 3 政府债务与经济增长关系

源配置中的地位被不断地强化。为适应经济体制改革发展的需要，基础设施建设投资体制也在逐步去“集权化”、“行政化”，通过不断扩大地方政府投资项目的审批权限和进一步明确中央政府的投资范围，地方政府在促进本区域社会、经济发展过程中的公共投资权限得到不断扩大。例如，我国地方投资项目的审批权限由20世纪80年代初期的1000万扩大到80年代后期的5000万特别是2001年以来，城市基础设施、农林水利、社会事业项目、房地产开发、商贸设施五大类投资项目，投资总额在2亿元以下的，不必报中央审批，由地方政府审批。在地方政府投资权限不断扩大的同时，市场机制被不断鼓励引入到政府投资项目的管理运作过程中，允许社会资本参与公共基础设施建设。这些体制和机制的变革与创新为地方政府融资提供了动力、空间和可行的渠道。

（四）快速城镇化引发大规模公共投资

快速提升的城镇化发展对地方政府融资形成了客观的需求和巨大压力。根据世界城市化发展的共同经验——纳瑟姆曲线（图4）表明：当城市化水平在30%以下，经济整体尚处于农业社会，发展较为缓慢；当城市化水平超过30%时，第一个拐点出现，经济进入发展较为迅猛的高速阶段，经济体进入工业社会；如果城市化水平继续提高到超过70%之后，则出现第二个拐点，经济发展再次趋于平缓，进入成熟阶段，此时，经济体基本实现现代化，进入后工业社会。据此经验，当前我国的城市化水平正处于第一拐点之后的经济快速发展阶段。从国际经验看，此阶段的一个突出特征就是公共服务、基础设施和公用事业的社会需求急剧增长，亟需大规模公共投入。这一特征与德国经济学家瓦格纳总结的：当国民收入增长时，社会公众对公共服务的需求将以更快的速度增长，财政支出也将以更大比例增长的经验判断相互映证。

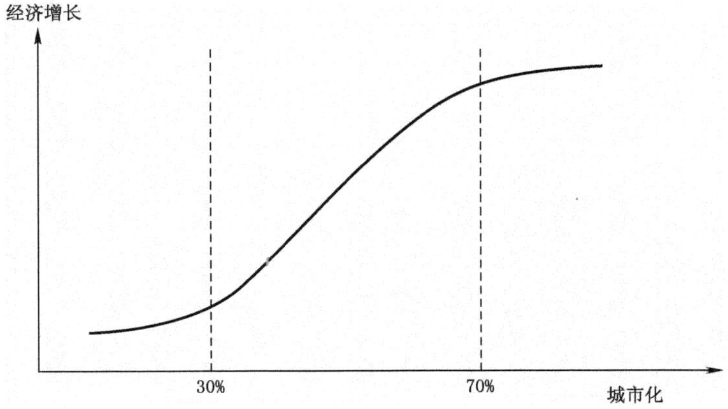

图 4　纳瑟姆曲线

举债融资成为地方政府解决建设资金的通常做法，这无论对于我国这样的发展中国家是如此，即使是发达国家也同样面临类似的情况和采取类似措施。以美国为例，20 世纪 90 年代以来，美国进入城市大都市化和城市郊区化的城乡一体化发展阶段，为满足城市居民对公共交通、教育、住房等公共服务的需求，美国地方政府积极推行了高速公路建设计划、住宅保障政策、教育改革以及相关税收减免优惠政策，地方政府的公共支出迅速增长，地方政府债务融资与债规模同期也出现了增长的趋势（见图 5）。美国州及地方政府债务余额从 1990 年的 0.99 万亿美元上升到 2005 年的 1.85 万亿美元，债务余额增加了 86.9%。以此反观我国近十多年来的城市化快速推进中地方政府的积极作为，我国地方政府债务的持续增长整体看是与某些国家城市化发展与地方政府债务增长的经验相类似：城市化快速发展阶段，地方政府债务水平相对较高。地方政府性债务在推动我国城市化发展中的积极作用是值得肯定的。

我国人口城镇化水平自 20 世纪 90 年代以来经历了一个快速发展时期，人口城镇化率（按常住人口测算）基本每年以 1 个百分点的速度增长，正处于经济

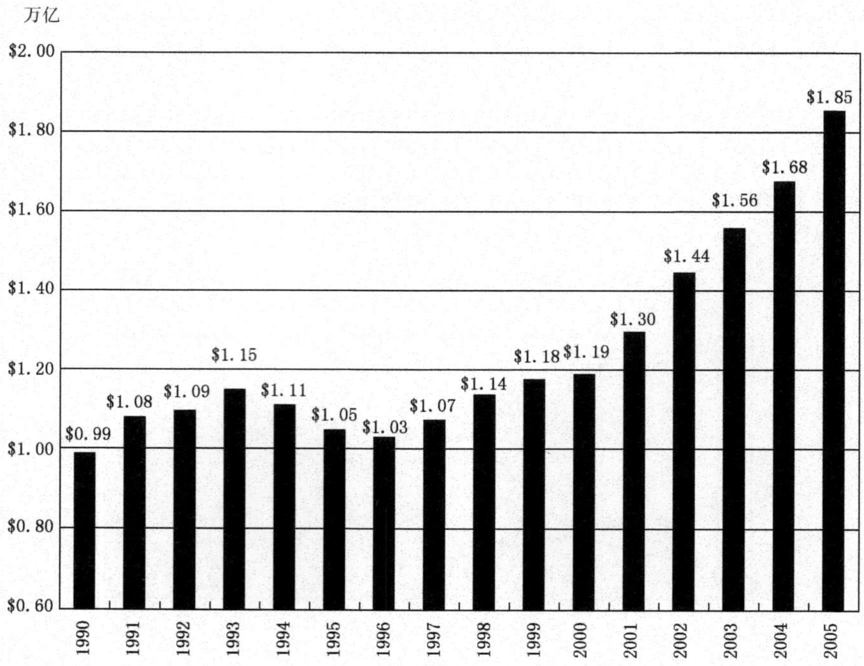

图 5　美国州与地方政府债务余额变化（1990—2005）

发展较为迅猛，公共服务、基础设施和公用事业的社会需求急剧增长，亟需大规模公共投入的阶段。根据瑞银国际的分析①，如果仅考虑政府部门的直接投资，从国民经济现金流量表计算，自 1998 年以来，我国政府公共投资占全社会固定资产投资的比重平均占比至少超过 15%，如果进一步考虑地方政府投融资平台的举债投资，公共投资规模占全社会固定资产投资规模约为 27%，如果再加上“大型国企，尤其是那些与资源和基础材料行业相关的”，公共投资规模约占全社会固定资产投资规模的比重“可能轻而易举就超过了 35%”。

（五）不合理的政府绩效考评制度与政治竞赛引发投资冲动

政府绩效考评制度应当关注政府与社会、政府与公民的关系，关注政府公共服务的质量和公众满意度。合理的政府绩效考核制度应当能有效遏制政府的自利行为，要避免扭曲的政府行为错配政府资源，从而影响社会公民长期整体福利水

① http：//www. caijing. com. cn/2008 - 11 - 24/110031225. html.

平的提高。我国政府绩效考核长期以来偏重经济指标，经济总量与增速成为影响地方政府首脑政治晋升竞赛成败的关键因子。在这种扭曲评价机制的影响下，地方政府首脑无疑有动力加大地方政府对本地区经济发展的影响力，通过大规模公共投资实现地方经济的短期快速发展，甚至不惜忽视政府投资的合理性而超越其职权范围，大包大揽，干预市场，人为加重了自身的支出负担。产业园区、城市新区的拔地而起与楼宇纵横是地方政府首脑最有效的政治晋升砝码和“可见的”经济发展成果。这种投资冲动极大增加了地方政府的融资需求。

（六）地方政府财力、财权与支出责任的失衡

1994 年分税制改革后，随着社会、经济发展以及政府职责内容的调整和丰富，我国地方政府财力、财权与支出责任之间的矛盾逐步凸显出来。这主要表现在：一是政府事权的层层隐性下移加剧了基层政府融资压力。这里政府事权的下移不仅包括中央政府事权下移给地方政府，而且也包括省以下各级地方政府事权的下移，导致基层政府的压力不断上升。由于对各级政府事权法律规定的模糊性以及行政垂直管理制度的权威性，上下级政府事权的实际分配已经脱离效率原则和公共品受益范围原则，本应是上级政府的职责被隐性强制地全部或部分转嫁摊派给下级政府，导致市、县（区）及以下基层政府的事务管理压力越来越大，与此相伴随的融资压力也随之上升。根据审计署 2012 年 6 月公布的对我国 54 个县财政性资金审计结果显示，为满足国家有关农业、教育、科技等法定支出的增长要求和中央有关部门出台的达标增支政策安排的支出，占其当年公共财政支出的 77.23%（中西部县的上述比例更是高达 81%），留给县级政府自主安排的财力占比不到 23%。如果进一步剔除行政经费，以及在招商引资过程中，将企业缴纳的税收、土地出让收入等，通过财政列支等手段返还给相关企业，县级财政可机动用于基础设施建设的资金更是寥寥无几。特别是考虑到中西部欠发达地区，土地价值难以得到充分的体现，土地出让收入基本不足以弥补基层政府财力不足问题。二是政府财权财力不断集中上移，基层政府收支压力急剧上升。1994 年分税制的一个重大成果是中央财政收入占全国财政收入比重的大幅提升，财权集中和财力上移明显。财权的集中表现为举债权集中于中央，地方未经许可不得举债；地方政府无税收立法权、开征权和政策管理权。财力上移表现为中央政府本级收入占全国财政收入的比重大幅上升，规模大而稳定的主体税种被划定为中

央税和共享税，地方税源小而分散；地方政府过多的依赖中央财政转移支付履行公共服务职责，均等化转移支付比重偏低，一般性转移支付比重低于专项转移支付比重等结构性问题以及转移支付分配办法不规范。在财权和财力上移而事权下移的双向压力下，基层政府的收支压力不断上升。

通过对我国城镇化进程中地方政府融资内在机理的分析可以看到，对正处于城镇化快速发展进程的我国地方政府而言，基于公益性、基础性、生产型的政府投融资是社会经济发展的客观需要。在未来的新型城镇化道路中，地方政府融资仍然具有合理性基础和切实的必要性。只要确保将地方政府融资风险控制在社会经济发展合理承受范围内，地方政府融资有助于解决基层政府财政能力不足，推进城镇化发展。

四、我国新型城镇化道路中地方政府面临的融资挑战

根据《国家新型城镇化规划 2014—2020》的基本指导思想，我国新型城镇化道路将紧紧围绕全面提高城镇化质量，加快转变城镇化发展方式，以人的城镇化为核心，有序推进农业转移人口市民化；以城市群为主体形态，推动大中小城市和小城镇协调发展；以综合承载能力为支撑，提升城市可持续发展水平；以体制机制创新为保障，通过改革释放城镇化发展潜力，走以人为本、四化同步、优化布局、生态文明、文化传承的中国特色新型城镇化道路。争取到 2020 年，我国常住人口城镇化率达到 60% 左右，户籍人口城镇化率达到 45% 左右，户籍人口城镇化率与常住人口城镇化率差距缩小 2 个百分点左右，努力实现 1 亿左右农业转移人口和其他常住人口在城镇落户。加快发展中小城市，有重点地发展小城镇，促进大中小城市和小城镇协调发展。顺应现代城市发展新理念新趋势，推进绿色、智慧型人文城市发展。

新型城镇化的推进必然会带来我国城市基础设施、公共服务的巨大公共投资需求，特别是市县级及以下基层政府面临的建设压力巨大。但是，同时面对中央政府新的执政理念、发展思路、改革策略以及政策调控，地方政府融资无疑会承受巨大的挑战：

一是政府投资压力仍然巨大。《国家新型城镇化规划》已经明确提出到 2020 年，我国常住人口城镇化率达到 60% 左右，即在未来 6 年，人口城镇化率平均

每年至少增长1%，实现1亿左右农业转移人口和其他常住人口在城镇落户。这意味着农民工由农民转变为市民需要各种公共资源投入，包括公共基础设施、社会保障、义务教育、医疗卫生、就业服务、住房保障以及社会治安、文化体育等，在现行的政府事权与支出责任分配体制下，绝大部分将由地方政府承担主要责任。根据相关研究测算，我国每增加1个城镇户籍人口所需要的财政支出增量为16万—20万①。按照这样的规模测算，未来我国地方政府公共投资的财政支出增量保守估计至少约在16万亿—20万亿。如果进一步考虑现有城市居民公共服务需求的提升与改善以及不同地区公共投资成本的差异，我国地方政府投资规模可能数倍于16—20万亿的投资规模。财政部副部长王保安预计2020年城镇化率达到60%，由此带来的投资需求约为42万亿元。

二是主导中小城市发展的市县级政府面临的融资压力巨大。《国家新型城镇化规划》明确提出，加快发展中小城市将是优化城镇规模结构的主攻方向，将中小城市，尤其是中西部中小城市，作为东部返乡人口城镇化的主要承接地，这意味着我国省级以下市县级政府面临的公共基础设施建设、公共服务投入的压力相对较重。而与此同时，市县级政府财力也是最薄弱的。如果现行事权与财权、财力分配体制不变，未来我国市县级地方政府将面临沉重的政府融资压力，也是政府债务风险的风暴眼。

三是政治环境面临新的形势，政府追求的目标有所变化。以习近平为总书记的我国新一代领导集体对我国社会经济发展提出了新的要求。尤其是在正确处理政府与市场关系的问题上，突出强调了市场在资源配置中起决定性作用。这一点预示着在未来我国公共领域的投融资过程中，无论是投资领域还是融资方式，市场化机制将得到越来越多的应用，财政资金更多地发挥投资引导和风险保障的功能，民间资本和合格的机构投资者将成为公共领域的投资主体。具体来说，在投资领域，例如城市道路交通、公用事业等准公共产品领域将大范围采用市场化手段、引入民间资本进行投资，尤其是十八大会议决定意见中明

① 全国人大代表、民建中央副主席辜胜阻组织的一项调研显示，农民工市民化有六项成本：一是随迁子女教育成本；二是医疗保障成本；三是养老保险成本；四是民政部门的其他社会保障支出；五是社会管理费用；六是保障性住房支出。农民工市民化的人均成本在10万元左右，但不同地区、不同群体之间的市民化成本也存在差异性。如果考虑配套基础设施投入，我们估计人均成本至少约在16万—20万之间。

确提出了在基础设施、住宅建设领域建立专门的政策性金融机构，促进商业金融资本进入相关领域；同时，在一些公共属性较强领域，也会充分考虑市场化的管理手段和竞争机制提高公共服务的质量。在融资方式上，以地方政府债券、公私合作伙伴关系（PPP）为主导的各种规范的市场化融资方式将成为未来城镇化建设中地方政府的主融资渠道。但是，地方政府市场化融资机制的形成必然对政府预算管理、财务管理、信息披露等机制提出进一步的改革诉求，对地方政府无疑会形成压力。此外，中央政府“以人为本”的发展理念会迫使地方政府在平衡经济发展利益和环境保护与生态和谐等方面出现方向上的改变。这些政治理念的植入在政策操作层面会直接增加地方政府在城市建设中的开发成本，可动用的公共资源会减少，形成有效财力的操作空间被挤压，举债和偿债能力可能会被削弱。

四是经济高增长时代已过，低速稳定增长将是新型城镇化面临的主要经济发展环境。自 2008 年全球金融危机后，我国 GDP 增速由过去百分之十几的两位数增长，下滑到 2014 年一季度以来 7.4%。伴随着经济增速的下降，财政收入也出现了更大幅度的下滑。地方财政收入由过去平均 23% 左右的增速下滑到 2013 年的 12.9%。未来 2—3 年内极有可能继续保持这一态势或者略有回升，但是重返 20% 以上持续高增长的可能性不大。地方财政收入增速的下滑对地方政府偿债能力构成严重挑战。

五是政策环境偏紧，融资形势不乐观。面对放缓经济增长，国务院总理李克强在 2014 年博鳌亚洲论坛开幕式上发表主旨演讲时指出，不会为经济一时波动而采取短期的强刺激政策，而是更加注重中长期的健康发展。上述表态已充分说明，宽松货币政策和积极财政政策在相当长的一段时间内不会重现，地方政府融资的外部金融环境将趋紧。自 2010 年以来银监会落实国务院清理规范地方政府融资平台的信贷政策始终没有放松迹象。人民银行在《金融稳定报告（2014）》中仍然提示融资平台贷款风险，指出“2013 年，银行业金融机构的不良贷款保持较低水平，但地方政府融资平台、房地产和产能过剩行业的风险不容忽视。地方政府融资平台贷款逐步进入还债高峰期，约 37.5% 的贷款在 2013 年至 2015 年内到期。”2014 年 5 月，国务院批转发展改革委《关于 2014 年深化经济体制改革重点任务的意见》明确，对地方政府债务实行限额控制，分类纳入预算管理；要开明渠、堵暗道，建立以政府债券为主体的地方政府举债融资机制，剥离融资平台公司政府融资职能。推行权责发生制的政府综合财务报告制度，建立考核问责机制和地方政府信用评级制度。建立健全债务风险预警及应急处置机制，防范和化解债务风险。可以预见，我国地方政府融资平台公司的融资能力和空间已经十分有限，并将逐步退出历史舞台。虽然，目前一些地方政府利用类平台公司（国企、行政事业单位）或者一些新的融资渠道（委托贷款、信托融资、私募等）规避政策调控，但是伴随利率市场化改革的推进，地方政府债务融资的成本明显增加，地方政府面临的融资形势不容乐观。

除货币与财政政策的偏紧，对房地产市场的调控政策也严重影响到地方政府的土地融资。随着土地征用开发成本的持续上升以及教育、水利等各类规费的提留，地方政府实际从土地出让中所获得的有效财力和融资空间被日益压缩，土地财政难以为继。此外，针对地方政府财政改革，中央政府也在十八大三中全会报告中提出“建立权责发生制的政府综合财务报告制度，建立规范合理的中央和地方政府债务管理及风险预警机制”，这些机制的建立，也在一定程度上增加地方政府融资的难度。

六是法律环境仍未得到明显有效改善。截至目前，有关地方政府融资的相关法律仍未出现根本性突破。一些新的融资渠道，例如公私合作伙伴关系（PPP）以及更广意义的政策性金融又缺乏相关法律和政策文件的规范和支持。地方政府融资的法律基础仍然十分薄弱。

当然，挑战与机遇并存。2014 年，我国十省市试行地方政府债券自发自还改革，地方政府发债的自主性得到提升。同期，为鼓励和吸引社会资本特别是民间投资以合资、独资、特许经营等方式参与建设及营运社会公共项目，2014 年 5 月 21 日国家发改委公布了 5 大领域向社会资本开放的投资示范项目清单，涵盖交通基础设施、信息基础设施建设、重大清洁能源工程、现代煤化二和石化产业等 80 个项目。2014 年 5 月，国务院批转发展改革委《意见》中提出了坚持正税清费，推进煤炭资源税改革和房地产税、环境保护税立法相关工作，可能有助于推进地方税体系建设，扩大地方政府财源和提升财政能力。地方政府的融资压力和融资空间有所释放。

五、对策和建议

基于历史与现状的分析判断，关于如何推进地方政府融资体制机制改革，拟将从三个层面进行规范：一是地方政府内源融资改革，二是地方政府外源融资改革，三是地方政府融资风险管理。

（一）内源融资改革对策

1. 加快政府职能转变，合理分配政府间事权，调整行政考核机制。

当前，我国地方政府不仅承担着日益繁重的基本公共服务职责，还要力保辖区经济发展，极大增加了地方政府财力紧张的局面，迫使地方政府大规模、甚至违规融资。因此，必须加快转变政府职能，优化政府事权与财权、财力的平衡关系，在宏微观层面上做出调整：

一是要进一步合理分配政府间事权。按照国际通用中央、省、市县三级政府架构，细化政府职责。在纵向层次上，应明确各级政府独立承担职责，减少各级政府共同承担职责。中央政府本级职责应力争做到独立完成，少用共同承担方式，可以按照区域或省市两级建立垂直派出机构，履行直接和委托支出职责。在横向范围划定上，中央政府负责兜底职责，承担好基本公共服务职责，包括基础教育、基本医疗、基本养老、基本住房、基本失业、基本公共卫生、城乡居民最低生活保障等。地方政府负责提供改善性公共服务、市域基础设施与治安等。将目前由地方政府承担的部分职责，包括司法、民兵、边境、边防、海关、国税等上收中央政府，由中央政府相关执法派出机构具体履行支出责任和监督职责。在最大程度上充分调动各级政府的能动性，减少基层政府的支出压力。

二是建立公共风险分担机制。新型城镇化可以带来巨大的社会经济发展利益，例如经济增长、税收增加、财产增值等。各级政府都参与这些利益的分配，但是很少顾及到创造这些利益过程中不可避免会出现的一些公共风险事件，如生态环境恶化、资源耗竭等自然风险以及农民进城带来城市公共资源紧张、征地和拆迁中的利益冲突等社会风险，没有建立起相应的收益分享与风险分担的平衡协调机制。基层政府承担的风险远远大于其分享的收益。因此，应当按照收益分享与风险分担相适应的原则，逐步提升中央、省级政府在公共风险事件中的风险责任，建立起各级政府间合理的风险分担机制。

三是改革当前地方政府目标责任考核机制。调整当前偏重 GDP、财政收入等一些易于把握的经济导向型的行政考核体系，弱化地方政府将招商引资、盲目工业化和城市化作为彰显政绩的决策偏好与错误倾向，正确引导地方政府把工作重心放在满足区域公共服务事业的发展，加大对公益性、基础性设施建设的投入。同时，建立“社会经济成效—政绩运作成本—债务风险水平”的官员政绩联动考核机制，强化其离任审计，增强其预算约束感。

2. 继续深化政府间财政体制改革，增强基层政府财政能力。

一是按照“多专享税、少共享税”的国际经验，尽量减少共享税，切实增加各级政府专享税收入，扩大地方税，推进地方税体系建设。包括：①推动开征真正意义的房地产税，为地方政府垫定客观的财政基础，减轻对土地财政的依赖。②全面改革资源税制度，加快推进资源税向原油、天然气以外的其他金属、非金属矿的扩围，有助于增强西部资源富集地区基层政府的财政能力。③改革城镇建设维护税，摆脱（增值税、消费税、营业税）附加地位，扩大征收范围，改变计税依据，使其成为城镇化建设和维护的重要资金来源。④适时开征遗产税和赠予税，尽快建立财产登记制度，按照轻税、简便原则设计税则，增加地方政府财源。⑤赋予地方政府包括地方税选择权、税率调整权和特定情况下因地制宜的设税立法权等权限，支持地方税体系建设，确保地方政府的基本公共服务保障能力，尽可能释放财力到基层政府，以缓解其财政困难。

二是在加快地方税收体系建设的基础上，要改革现行政府间财政关系：优化转移支付制度，减少专项转移支付比重，对现有专项转移支付事项进行清理、整合，减少规模，最大限度降低专项转移支付对地方配套要求，逐步建立以一般性转移支付制度为主、专项转移支付制度为辅的制度体系。进一步理顺省以下财政体制，在税种划分、分享比例等方面向县（区）倾斜，增强基层政府财政能力，缓解区县财政的压力。

三是适应农民“市民化”的需要，逐步建立中央对省以及省以下财政转移支付制度同农业转移人口市民化挂钩机制，平衡地区间因人口流动带来的公共支出压力。解决农业转移人口市民化过程中流入地地区公共支出压力过大的矛盾。首先，必须改变目前仍以辖区户籍人口为基础的转移支付制度设计思路，充分考虑人口流动规模和速度因素对区域间公共支出带来的不平衡影响，增加流动人口因素在一般性转移支付因素分配公式中的权重以及提升流动人口在教育、医疗、就业等各类专项转移支付的倾斜力度，逐步建立以包括流动人口在内的常住人口为基础的转移支付制度。其次，要考虑到不同层次流动人口社会财富创造力的不同，对流动人口实施分类，建立给予不同权重和期限的挂钩机制。最后，配套挂钩机制建设，必须抓好流动人口的统计分析工作，以期权重设计和倾斜程度符合实际情况，避免造成人为的财力错配。

四是加强乡镇财政建设。当前我国城镇化的一个重要趋势是就地城镇化，乡镇成为就地城镇化的主要载体。目前“乡财县管”的财政体制固然可以在一些经济较弱、财力较弱的乡镇通过相对集中的财政体制最大限度的集约使用财政资金，但是对于一些经济较发达、财政创收能力较强的乡镇，“乡财县管”的财政体制却弱化乡镇政府的主观能动性，由于缺乏政府财务的自主性，乡镇政府在提升就地城镇化中的公共服务水平、基础设施建等方面的自主性和能力受到抑制。因此，应根据实际情况，对于经济欠发达、财政收入规模较小的乡镇，要采取相对集中的体制，保障其合理的支出需要；对于吸纳人口较多、经济较为发达、财政收入规模较大的乡镇，可赋予同人口和经济规模相适应的管理权，实行相对规范的分级财政管理体制，做到原则性与灵活性相结合。

3. 完善地方政府投融资体制。

进一步完善地方政府投融资体制，构建以财政为枢纽的地方政府投融资预算约束机制。首先，应由财政集中管理政府所有公共收入，包括税收收入、非税收入和公债融资，实现预算的完整性和统一性。推动公共财政预算、基金预算、国有资本金预算和社会保障预算的统筹管理。尤其是加强财政部门对土地、矿产资源等资产产权收入的统筹能力，避免这部分收支的随意性。其次，财政部门应根据政府投资计划编制财政融资的预、决算，加强对政府性债务“借、用、还”全过程的管理和监督。只有这样，才能通过集中政府财源达到提高财政能力、增强政府回旋余地的目的，才能较为充分地提高政府对社会公共服务的财政保障能力，有效实现政府投资需求和融资管理的均衡匹配，防范和杜绝债务风险。

4. 改革土地管理制度，摆脱土地财政路径依赖。

“土地财政”是我国经济转轨中客观现象，具有阶段性特征，其带来的负面社会经济效应广为诟病。对“土地财政”进行规范治理也是涉及我国城镇化进程中地方政府融资规范化的一个重要方面。主要包括几个方面：一是进一步完善土地征用制度，充分体现集体土地所有者权益价值。十八届三中全会《关于全面深化改革的若干重大问题决定》中明确提出“建设城乡统一的建设用地市场”，“允许农村集体经营性建设用地出让、租赁、入股，实行与国有土地同等入市、同权同价”，这些决定预示着土地征用开发成本的上升，地方政府对土地抵押融资依赖难以为继。二是逐步构建科学合理、公开透明的土地规划制度。制定更为科学、公开透明的土地利用规划，以立法形式确立规划的效力，提升规划执行的严肃性。严格供地定额制度，促进土地集约利用。三是逐步完善土地出让收入征收方式，逐步实行“年租制”。改变目前土地“批租制”带来价格扭曲效应和地方政府短视行为，引导地方政府土地出让收入的平滑化，实现土地收益的代际平衡。

（二）外源融资改革对策

1. 推进约束力更强、透明度更高的地方公债制度。

2014 年 5 月，国务院批转发展改革委《关于 2014 年深化经济体制改革重点任务的意见》明确建立以政府债券为主体的地方政府举债融资机制，剥离融资平台公司政府融资职能。规范的公债制度是成熟市场经济国家基础设施融资的主导机制。例如美国地方政府融资主要采取一般责任债券和收益债券进行基础设施建设融资，其信息披露之翔实，决策之民主，运作之透明，监督之有力，能够较好地确保政府举债行为的科学合理谨慎。但是，在我国构建规范的地方政府公债机制需要相关法律的健全、行政体制的深化调整、政府信息的更加透明、民众参与度的提高、监督体系的完善以及政府评级体系的有效构建等一系列深层次的配套改革，将是一个渐进的过程。

2. 推进公私合作伙伴关系融资。

十八届三中全会《决定》中以明确提出“允许社会资本通过特许经营方式参与城市基础设施投资和运营”，其指向就是公司公私合作伙伴关系（PPP）。目前，财政部也在大力推行 PPP 融资。但是，要突破目前国内已实践的 BT、BOT 等浅层次 PPP 模式，实现正真意义的重在管理机制创新的 PPP 模式还有很多的工作要做。尤其是在制度设计层面。例如，在项目设计方面，如何达到利益共享、风险分担目标，坚持公共利益最大化原则，形成有效激励约束机制，确保

PPP 项目社会效益和经济效益都有所提高；如何形成有效的定价机制，实现项目利益分配“盈利但不暴利”。消除 PPP 发展的法律、政策层面的制度障碍、明确相关规则，制定相关规范性标准，设立中央与地方专职管理机构是当前我国中央政府在借鉴国际经验和国内试点经验基础上，亟需解决的问题。

3. 建立城市建设公共投资基金。

城市建设公共投资基金是澳大利亚与新西兰等比较成功的基础设施融资模式。由地方政府、金融机构（专业投资机构和其他金融企业）、公用事业企业、基础领域的重点企业等作为发起人，通过公募、私募或者混合型模式向社会发售基金份额筹集社会资本用于公共投资。该模式最大特点是能以股权投资作为种子资金撬动社会资本投入重大城市基础设施建设，并通过投资公司的专业化管理团队，提高基础设施建设过程中规划、设计、开发、建设、法律、财务等领域的管理水平，提升基础设施建设的整体水平。政府与大型国有企业的发起资金可以通过上缴公共财政的国有资本收益解决。同时为促进公共投资基金的建立与运营，在政策上对于公共投资基金的发起人、管理者和认购者提供一定的税收支持。对于作为发起人的国有企业，例如给予投资额度的税前抵扣；对于城市建设公共投资基金的认购者，可以比照政府债券，对于其收益所得给予相应的免税优惠和风险保障。

4. 推进基础设施与公用事业领域政策性金融机构发展。

党的十八届三中全会提到城市基础设施、住宅领域政策性金融机构。政策性金融机构在我国基础设施领域长期发挥着重要角色。但是，由于缺乏高位阶立法规范及有效的监管，政策性金融在实际的业务实践中突破了设立的初衷，商业化特征日趋明显而政策性不足，并一度推进了商业化改制，越发削弱了基础设施领域的政策性金融支持。因此，推进基础设施与公用事业领域政策性金融机构发展，利用政策性金融手段，协调配合地方债与 PPP 融资，最大限度地发挥地方债、PPP 融资、公共投资基金等模式的效力。目前首要的工作是推进相关立法和管理制度与机构建设。

5. 推进融资租赁等其他具体融资模式规范发展，多元化地方政府融资渠道。

融资租赁模式是国际上仅次于银行贷款的第二大融资方式，实质上是以高度市场化、专业化的金融租赁公司作为融资平台，面向社会筹集资金支持基础设施建设融资。融资租赁运作模式是金融租赁公司根据政府对基础设施项目的选择，将其从项目所有者取得并按合同约定出租给政府占有和使用，并向政府收取租金。具体又可分为普通模式和售后回租模式。普通模式是由金融租赁公司根据政府的要求委托项目建设机构进行基础设施项目开发。基础设施建成后，租赁公司将基础设施出租给政府，政府定期向租赁公司提供租金。租赁到期后，政府再以少量资金购买基础设施资产。售后回租模式是政府把已经建成的基础设施出售给租赁公司取得出售价款，之后又作为承租人将出售的基础设施向租赁公司租回使用，并定期向租赁公司交纳租金。租赁到期后，政府以少量代价回购基础设施。这种方式可以帮助政府盘活现有资产，为建设新项目筹集资金。

（三）融资风险管理对策

1. 推进地方政府债务监管立法工作。

推进地方政府债务监管人大立法工作，以清晰、明确的法律文件对地方政府债务管理的基本方面，包括举债主体、举债方式、举债程序、债务资金的使用、偿债机制建设、日常监督管理（监管主体、主要方式）、应急反应机制等进行规范，并根据实际情况的变化不断完善，为地方政府债务融资提供合法基础；在全国人大立法基础上，国务院及相关部门应根据立法的基本精神和法律规定，进一步制定相关实施细则和政策配套措施，以行政法规、规章和政策的形式为后续的具体业务开展提供指导和支持。

2. 构建地方政府性债务预算，加强对地方政府性债务融资主体的规范管理。

将地方政府性债务纳入预算管理是控制地方政府性债务盲目扩展和防范债务危机的主要措施。省级及省以下地方政府必须在年初预决算报告中对上年度债务管理执行情况、当前债务余额、偿债能力、下一年净融资需求进行真实、完整、充分有效的说明（在附件中提供详实的风险分析报告），并向同级人大和上级政府债务管理部门汇报备案。鉴于我国地方政府对地方重要基础领域的国有企业（包括当前尚未退出历史舞台的融资平台公司）负有一定的救助责任，因此在构建地方政府性债务预算制度时，可以考虑将这些地方国有企业债务情况纳入预算管理监控。这一方面能够对地方政府性债务预算范围进行“全覆盖”，另一方面有利于为构建规范、高效的地方政府举债融资机制奠定预算管理基础。

3. 构建有效的债务风险监控和预警机制。

治疗疾病的最佳方法是预防。防范政府性债务风险的最佳方法是构建有效的债务风险监控和预警机制。利用计算机、网络等现代化工具和各种技术手段，收集各类与债务风险相关的数据，构建评估地方政府债务风险的指标体系，并建立地方政府债务风险预警模型，从而评估预警地方政府债务风险程度，最终为各级政府监控地方政府债务运行和制定化解风险对策提供科学依据。同时，为确保偿还地方债的财源，地方政府应当建立偿债准备金制度。偿债基金的来源可以多元化，如地方政府税收、上级政府的转移支付、负债融资一定比例（如5%）的预扣、各种资源性资产性收入等。

4. 提升市场约束的有效性，加强政府债务信用评级与信息披露机制建设。

政府债信评级与信息披露机制是确保和提升政府债券市场约束力的基本机制。当前推进政府债信评级体系工作的重点是如何从制度安排上确保政府债信评级的独立性，避免政府干预，影响评级结果的客观性和公正性，包括建立债信评级机构的问责和惩罚机制，对评级机构失真评级予以法律上的严厉处罚；改变传统受评对象付费模式，转变为投资者付费，让投资者成为评级机构的“衣食父母”。建立强制信息披露机制，要求地方政府及时、定期、清晰、易懂地披露对预期贷款人或债券投资人决策有重大影响的所有信息，并对所披露信息的准确性负责。

5. 从控制系统性与区域性风险角度采取供给管理。

地方政府融资涉及财政安全和金融安全，因此除了从需求方采取措施外，还可以考虑从供给方（资金提供者）采取相应的管理措施。例如对政府债的各类投资者的地方政府债权投资总量及比例、单一债券的投资规模给予一定的限额管理，严格禁止或限制与地方政府有重大关联关系金融机构投资关联方政府债权，避免可能的市场操纵行为。

参考文献：

［1］封北麟：《我国城镇化进程中的基础设施融资》［J］．经济研究参考，2013年第13期。

［2］封北麟：《地方政府性债务风险及其防范》［J］．中国金融，2013年第7期。

［3］封北麟，陈新平：《我国地方政府债务风险与应对策略》［J］．清华金融评论，2014

年第 3 期。

[4] 刘克固，贾康等：《深化财税体制改革的基本思路与政策建议》[R]．财政部财政科学研究所研究报告，2013 年第 185 期。

[5] 赵全厚，张立承等：《“土地财政”问题研究》[R]．财政部财政科学研究所研究报告，2014 年 3 期。

[6] 潘泽清：《地方政府性债务现状、动态及其风险分析》[R]．财政部财政科学研究所研究报告，2014 年 23 期。

《我国城镇化进程中的地方政府融资》课题组

课题主持人： 王朝才　封北麟

课题组成员： 赵全厚　马洪范　齐欣明　刘仲川　陈新平

张立承　刘　薇　孟　艳　龙小燕　王姗姗

报告执笔人： 封北麟

以阳光化地方政府债券取代影子银行融资

王 梅 贾 康 樊 纲

自 2010 年 6 月国务院发布了《国务院关于加强地方政府融资平台公司管理有关问题的通知》（国发［2010］19 号）以来，财政部和银监会采取了诸多政策措施和制度安排，融资平台公司的清理整顿工作取得了一定成效。但是自 2012 年以来经济增长下行压力加大，融资平台公司的基础设施投资对宏观维稳起关键作用。其融资负债态势因此有扩张趋势，并通过“影子银行”以更隐蔽、成本更高的方式进行，今年一季度呈现井喷的状态。笔者认为，为了从根本上解决地方政府融资平台公司问题，应适当降低今后宏观经济增长目标到 7% 左右，同时显著增加地方政府债券发行至 3 万亿元左右存量规模；并以此为突破口，配之以多项政策优化、制度改革措施。

一、地方融资平台公司债务的隐蔽性和非规范性

地方政府融资平台公司是中国目前财政和金融风险的积聚交汇点．自 2010 年 6 月国务院发布了《国务院关于加强地方政府融资平台公司管理有关问题的通知》（国发［2010］19 号）以来，对地方政府融资平台公司的清理整顿工作，包括对平台及平台公司银行贷款的分类细化，风险定性，规模控制等，取得了一定成效。但是地方政府融资平台公司存在的根本性问题还没有解决。主要表现在：

（一）融资平台公司的债务更加隐蔽

目前地方政府融资平台（包括融资平台公司）① 贷款规模为 9.3 万亿元，两年只增长了 2%，总量规模得到了控制。② 但是，自 2012 年以来，“影子银行”成为融资平台公司债务融资的主要来源．特别是今年一季度呈现井喷的状态（见图 1）。

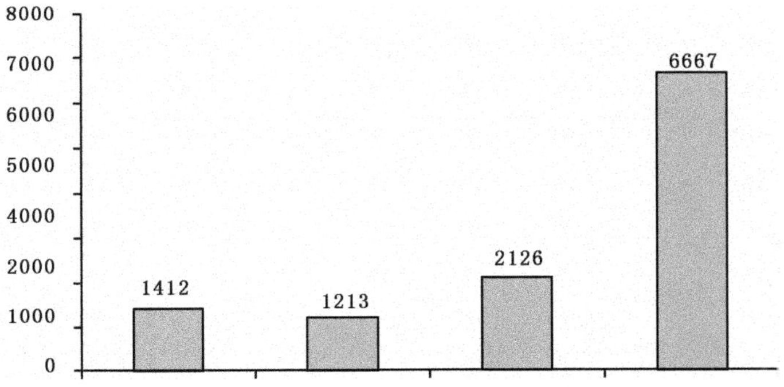

图 1　每年 1 季度用于基建的信托和债券（亿元）

来源：银监会报告。

“影子银行”是不受或少受金融监管机构监管，充当储蓄转投资中介的非银行信用中介机构。它们包括信托公司、财务公司、租赁公司、小额贷款公司、典当行等。据银监会内部报告测算，2012 年底影子银行体系融资规模为 20 万亿；其中同业、理财及信贷资产转让等表外融资 8 万亿；担保公司、小额贷款公司、典当行、私募基金等约 2 万亿；民间借贷（包含委托贷款 6 万亿、网络信贷等）10 万亿。此外，还有一些地方政府采取如 BT（建设—移交）、垫资施工和违规集资等方式变相举债融资。

“影子银行”融资取代银行贷款至少直接造成三个令人担忧的问题：

第一，“影子银行”的投融资活动不完全在监管之内，无有效监管统计，这使得融资平台公司的负债规模，以及期限错配、标的物不对应等情况更加不透明。这导致地方政府性债务管理和财政风险防范难度进一步加大。

① 融资平台包括融资平台公司，地方政府部门和事业单位。融资平台是银监会的概念，融资平台公司是审计署和财政部使用的概念。

② 《尚福林：地方融资平台贷款两年仅增 2%》，中国证券报，2013.03.08。

第二，“影子银行”的融资成本大大高于银行贷款成本。比如，信托和委托贷款的成本在10%左右，BT融资年利率最高达20%、集资年利率最高达17.5%，远高于银行贷款的7%，融资平台公司的债务负担由此加重。

第三，“影子银行”的融资来源依然大多是银行。在融资平台公司的银行贷款得到控制时，整个银行体系在地方政府融资平台和平台公司的风险敞口依然在加大。

（二）融资平台公司的违规经营依然严重

2010年以来对于融资平台公司的清理整顿主要基于两个方面：

第一，根据平台（包括平台公司）自身现金流覆盖贷款本息比例，如100%以上、70%到100%之间、30%到70%之间、30%以下，将其贷款分为“全覆盖、基本覆盖、半覆盖和无覆盖”四类。截至2012年6月末，根据银监会的统计，全国共有10682家统计在列的平台（包括平台公司）。70%的平台贷款被认定为全覆盖，20%为无覆盖，基本覆盖和半覆盖占比较低。

第二，制定融资平台公司退出需要满足的五个条件，并以此为依据确认可以“摘帽”的、成为一般商业公司的平台公司。这五个条件是：①符合现代公司治理要求，属于按照商业化运作的企业法人；②资产负债率在70%以下；③自身现金流100%覆盖贷款本息，且各债权银行对融资平台的风险定性为全覆盖；④存量贷款的抵押担保、贷款期限、还款方式已经整改合格；⑤无违约记录，可持续独立发展。截至2012年6月末，有1900家“摘帽”平台，占总平台数比重18%。

表面上看，70%的平台贷款是现金流全覆盖，似乎是个相当不错的局面。另外，有18%的平台可以“摘帽”成为独立的商业实体。但是这些数字的可信度要打折扣，“全覆盖”和“摘帽”公司的实际质量是值得怀疑的。

因为融资平台公司在管理制度上没有实质性改善。无论是平台公司还是已经“摘帽”的平台公司，它们大多依然政企不分，经营不规范，信息不透明，从事“黑箱”操作。这可以从2013年审计署对全国36个地方政府本级的223家融资平台公司的审计结果略见一斑。①

① “36个地方政府本级政府性债务审计结果”，审计署，2013年6月10日。

2012年底，在223家被审计的融资平台公司中，有94家年末资产中存在不能或不宜变现的资产8976亿元，占其总资产的37.6%；有5家注册资本未到位56亿元；6家虚增资产371亿元。61家“摘帽”融资平台公司中有55家未完全剥离原有政府性债务或继续承担公益性项目的建设融资任务；有18家融资平台公司以转为“退出类平台”为由，少统计政府性债务2479亿元，脱离了债务监管。

综上所述，国发19号文发行以来，地方融资平台公司的负债融资方式变得更加隐蔽，平台公司本身的违规经营问题依然严重。即使在2012年12月财预[463]号文件《关于制止地方政府违法违规融资行为的通知》发布后，地方政府融资平台公司依然处于“堵不住，理还乱”的状态。

二、国发19号文件执行不顺利的宏观原因

国发19号文件执行的不顺利是和中国2012年以来宏观经济发生的变化紧密相关的。从图2和图3可以看到，2012年一季度以来GDP增速下滑比较明显，直到2012年3季度经济增长在基础设施投资强劲反弹的带动下才止跌企稳。由于出口疲弱，制造业产能过剩，基础设施投资在维持宏观经济稳定中起着举足轻重的作用，而基础设施投资大多是由地方政府融资平台公司担当的。这在很大程度上解释了为什么地方政府融资平台公司在2011年受到认真清理，其融资负债冲动受到严格打压，而在2012年和2013年一季度又得到“重用”，继续其不计成本的融资负债扩张，其数量有增无减的原因。

根据笔者的地方政府债务模型测算，为了保证实现2013—2015年每年7.5%的GDP增长目标，需要相应的基建投资分别为9.3、10.9和12.5万亿元。在乐观假设2012年底地方政府债务规模为13万亿元的前提下，地方政府相应需要在2013—2015年每年借新债4.5、5.8和7.1万亿元，其债务余额将分别达到15.7、19.4和23.9万亿元。因此，即使在乐观假设前提下，地方政府在今后三年的融资负债压力也会急剧上升，其还债负担也将十分沉重（见图4）。

在这样的宏观经济背景下，清理整顿地方政府融资平台公司的工作如果仅仅依靠“堵”的方式是显然不够的。在关掉“后门”、“旁门”的同时，还需要打开“正门”，采取疏堵结合的方式，在制度建设中标本兼治，以治本为上。

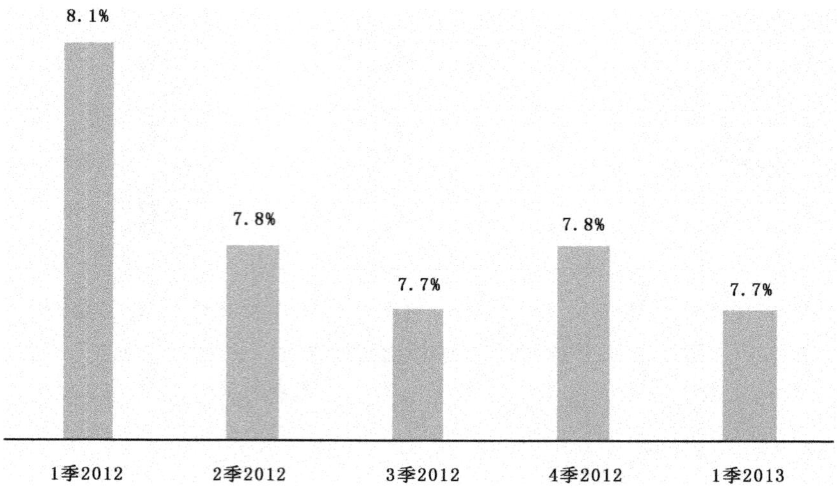

图 2　GDP 季度增长率（2012—2013）

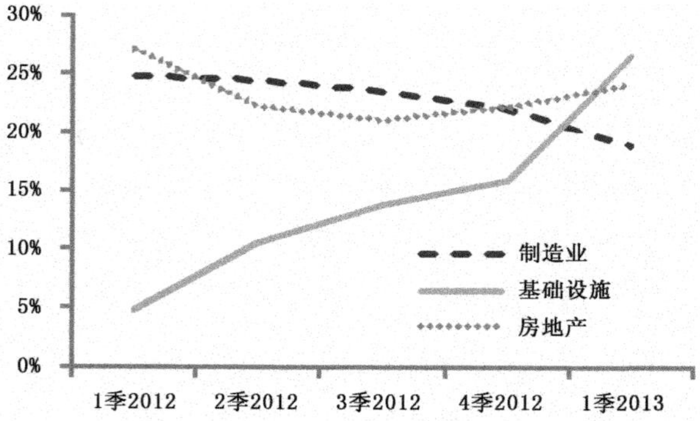

图 3　固定资产投资季度增长率（2012—2013）

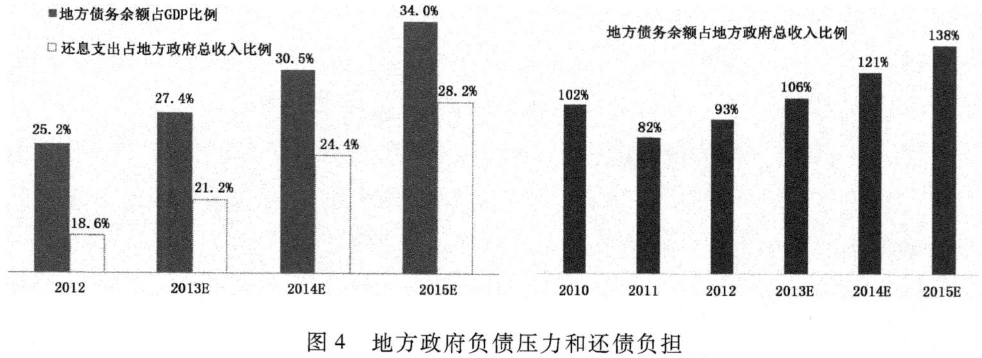

图 4　地方政府负债压力和还债负担

三、政策措施和改革建议

对于“堵不住，理还乱”的地方政府融资平台公司，中央政府必须在稳增长和控风险的平衡中，采取一系列综合治理政策和改革措施。

笔者认为，为了从根本上解决地方政府融资平台公司问题，应结合适当降低今后宏观经济增长目标到7%左右，同时显著增加阳光化的地方政府债券发行至3万亿元左右存量规模，并以此为突破口，配之以多项政策优化、机制改革措施。具体考虑如下：

首先，酌情温和、主动地对经济增长减速。

今后宏观经济年度增长目标可由7.5%下调到7%。这一年均GDP增长速度可以保证实现在2020年中国人均GDP在2010年基础上翻番的目标。同时，和7.5%相比，7%的增长速度会“温和而见效”地减轻对基础设施投资的依赖，从而也减少地方政府和其融资平台公司融资借债的压力和融资冲动的借口。其他实体经济部门的需求抑制也会因此减轻。

其次，从2014年开始，大幅增加由财政部代发的地方政府债券。争取其票面利率低于4%，并争取几年内达到3万亿元存量（年末余额），以之取代、置换地方融资平台公司的举债以及“影子银行”等融资渠道，以显性直接债务取代隐性间接债务，让发债主体与偿债主体一致，减轻地方政府债务负担。如果地方政府可以越来越多地进入公开合法发行地方政府债券的“阳光化”融资轨道，其高成本的融资动因便会减少。这也会帮助社会总体融资成本下降。同时选取一些信用良好的地方政府做自行发债的试点，为在将来各项配套制度改革到位时允许地方政府自行发债做准备。

相应地，应考虑：

（1）尝试对地方政府进行信用评级。对地方政府的信用评级是实质性地允许地方政府自行发债的逻辑前提（目前已有试点主要是形式上的进步，因为仍有“中央财政代理还本付息”的伴随式隐性担保）。根据Moody的研究，主要的评级要素包括：①制度框架：中央和地方政府的信贷风险如何关联？②经济基本面：经济实际发展情况是否良好且可持续？③预算结构和管理：平衡及收入与支出的灵活性；④债务情况：债务负担和偿付能力；⑤政府结构和政府动态：有哪些优先考虑的事项和压力？

（2）编制和披露地方政府资产负债表。通过编制和披露政府资产负债表，可以摸清政府“家底”，具体分析政府资产与负债的结构、比例、期限，揭示政府债务风险。另外，可以盘点每个地方政府有多少资产是真正可以变现的。有些资产可能是基本公共服务的一部分，把这些资产当作可以变现的资产会带给人错误的安全感。另外，哪些资产是可以通过哪些具体金融手段（比如资产证券化）后可以变现的。这样对地方政府的偿债能力会有切实的了解。另外，在基础设施投资的存量大幅增加的同时，不能对运营和维护成本掉以轻心。

（3）制定统一的政府性债务管理制度。各级政府应建立细化的债务预算和收支计划。应对那些债务超标或资金使用违规的地方政府问责以及对相关责任者进行严厉处罚。可对不同地方政府的负债情况分类管理，制定具体减债措施（见表1）。

表1　对地方政府负债的分类管理

	人均国内生产总值高	人均国内生产总值低
债务水平低	债券发行试点	采用严格的量化债务控制措施
债务水平高	制定具体减借措施，限制新债	增加转移支付，严格限制新债

来源：王梅：“中国的地方政府债务管理”，世界银行工作论文，2007。

（4）修改预算法。中国目前法律上不允许地方政府自行通过“正门”直接发债，却默认地方政府通过融资平台公司用不规范、不透明、成本高的方式走“后门”大肆举债，这让预算法形同虚设，相关风险得不到有效防范，地方政府债务管理因此实际处于被动失控的局面。[①] 修订预算法允许地方政府合法地借债已势在必行；同时应该动态优化地方政府借债的法规和监管制度以确保地方政府谨慎且负责任地借债。

第三，鼓励发展“公私合作伙伴（PPP）”机制，吸引民间投资。

根据融资平台公司项目的资产收益性及其所提供产品的性质，将其分为“非经营性城市基础设施”、“经营性城市基础设施”和“准经营性城市基础设

① 王梅：“让地方政府债券取代城投债”，《财经》2012年第31期。

施”三类。非经营性项目可由政府提供，经营性项目应由市场提供，准经营性项目既可以由政府提供，也可以由市场提供。

相应地，要加快以市场化为导向的公用事业改革，将引入竞争机制与改革产权制度并行，设立独立的监管机构，理顺政府与企业的关系。英国电信行业、电力行业、天然气行业分别从上世纪 80 和 90 年代开始民营化。英国政府的改革措施包括取消新企业进入产业的行政法规壁垒，同时完善法律，建立独立的政府监管机构，并建立专门的消费者组织，强调社会监督。通过竞争，电费、水价等不升反降，服务质量也不断提高，这方面的国际经验可作借鉴。

第四，积极推进必要的财税体制改革。

（1）完善政府间财政体制。由于事权的合理化、明晰化迟迟不到位，支出与收入分配之间严重不匹配，地方政府过度依赖于土地批租收入、隐性负债和转移支付，且仅拥有有限的自主权，这让问责制无的放矢。因此合理、清晰界定支出责任，以及使地方可用财力与支出责任相匹配的体制改革至关重要。另外，完善转移支付制度使其更为透明和标准也十分重要。还应减少专项转移支付而提高一般转移支付的比例。另外，应增加地方政府自己的收入来源，比如以开征财产税加快完善地方税体系。

（2）建立公开透明的预算管理体制。在此基础上，才能建立合理的地方政府债务管理体制和发债机制。只有在充分的信息披露前提下，人大和纳税人才能切实行使监督职能，促使地方政府谨慎、负责任地举债。也只有在此基础上，才能建立有意义的地方政府债务信用评级机制和市场发债渠道，让利率真实地反映不同的风险水平。

第五，进行必要的政府改革。

（1）完善和落实地方政府绩效标准。原有的绩效标准—国内生产总值，税收收入，就业，投资，社会稳定和计划生育—为过度投资和不负责任的借款提供了强大刺激。现在虽然对这些绩效标准已有修改，增加了民生和公共服务的比重，但是在提拔官员时，经济增长似乎依然是最主要的考量目标。地方政府官员会因其投资项目的数量和相关的指标受到嘉奖，但这些投资项目所产生的债务规模和结构的适宜性则无人过问。几乎没有任何处罚是与不负责任举债相联的。[①]

① 王梅，2007，“中国的地方政府债务管理”，世界银行工作论文。

美国政府1993年颁布《政府绩效与结果法》，英国政府1997年颁布《地方政府法》明确规定地方政府绩效评估的机制和规章，日本政府2002年出台《政府政策评价法》。相较于这些国家来说，中国政府绩效评估工作在国家层面上的法规建设还几乎是空白，政府绩效评估的依据仅限于中央政府的报告要求和党内的规范性文件，没有权威、稳定的法制化与制度化准则，绩效评估虽已被强调，但实践中也基本上停留在地方政府层级，没有统一的考核规则。政府绩效评估改革是涉及多部门多机制的系统工程，国家层面上的立法十分重要，应大力推进，以真正使政府绩效评估走上科学化、制度化、和常规化的道路。①

（2）改善执政能力。地方政府需要在多方面提高能力，包括选择，监控和管理项目的能力。目前国内已建成的各类公用事业项目最终建设成本较实际需要的成本平均高20%左右。提高可行性研究水平和实行全面质量管理与多重审计等势在必行。

2013年的审计署报告显示，高速公路车辆通行费收入出现减收，一些地区高速公路债务偿还压力较大。2012年，有8个省本级通过举借新债偿还高速公路债务453.85亿元，其中4个省本级高速公路债务的借新还旧率超过50%，3个省本级已出现逾期债务17.15亿元。这和项目初期可行性研究的质量和严肃性不足相关。

另外，吸引民间资本需要有专业知识和对市场的熟悉和深度了解。公私合营项目的管理对政府在规则制定和执行力上的能力要求是很高的。目前在市政公用事业建设领域，“中国式招标”现象十分普遍，很多招标往往是走过场，导致工程建设费用比实际所需高出很多。

第六，采取必要措施，应对金融风险。

（1）2012年2月财政部、银监会下发了《关于印发〈金融企业不良资产批量转让管理办法〉的通知》，允许省级政府设立资产管理公司，对其所辖省区的金融不良资产予以处置．在后续管理和操作细则还未下达的情况下，江苏省目前已在组建资产管理公司．在长城、信达、华融和东方四大资产管理公司之外，设立地方资产管理公司为处理地方金融机构的不良贷款提供了一个新的"买家"，这有利于不良资产以更合理的价格出卖；一些小规模的，四大资产管理公司不感

① 陈雪莲，“地方政府绩效评估改革的突破与局限”，《理论与改革》，2010年第1期。

兴趣的不良资产，也有了潜在的出路．但是，相关配套改革措施也不能忽略，比如要防止道德风险，促使金融机构和地方融资平台公司今后负责任地规范运营．另外，在宏观层面，发展完善一个理性的证券市场以及并购市场也至关重要。

（2）加强对影子银行的监管。让表外业务显性化，并计提必要的资本准备。应帮助银行增加风险意识，逐步转变经营模式，减少发行期限错配的理财产品．

第七，继续清理整顿融资平台公司，并加强相关的公众监督。

地方政府融资平台公司的清理整顿需要相当长的时间，国际上特殊目的公司的经验值得借鉴。规范的公司治理，项目运作的透明度，管理的专业化以及良好的信息管理是特殊目的公司运营成功的共同经验。短期内，要做到每个投资项目单独管理、建账和核算。每笔融资要和具体项目挂钩。长期内，要区分经营性和非经营性融资平台公司，阳光化并努力隔断它们对地方政府的各种财政依赖，从而减少财政管理的风险隐患。财政部近期在其网站上设立的“地方政府违法违规举债融资举报信箱”不失为一个加强相关公众监督的积极举措。

地区金融生态与地方债风险防范：制度对策与案例观察*

贾　康

我认同现在体现于审计署公告的基本判断，应该说这是基于现在所有关于中国地方债信息里最权威信息给出的基本认识，就是目前我国的公债、地方债总量上不存在危机状态，是在安全区之内的。当然在结构方面，公告也有很多权威信息的披露。近年各部门对相关风险的化解防范工作，这几年是高度关注的，在公告提供更多信息的情况下，有望更有效地推进风险防范工作，特别是把短期的风险防范和中长期的制度建设更好地结合。有了上述基本共识之后，还要注意到有其他一些不同意见的碰撞，还存在深入研讨的很大空间。

大家一般都认同了制度方面的对策考虑。正如李扬副院长所特别强调的，除了技术的对策之外还有制度对策，和与此相关需展开讨论的一些问题。但一旦具体化，是有不同的思路的。比如说大家可能在原则上都认同中长期的制度建设是中心和关键，但是如何认识清楚这个制度建设的方向和基本思路？1994 年采取财税配套改革举措后，一直走到现在，面临财税制度深化改革何去何从的问题。有一种在舆论界非常有影响的观点，是说 1994 年财政体制改革“重启集权时代”，而我认为不应当简单地看 1994 年以后中央财政收入占比上升了就是“集权”，还是要看这个新体制框架与市场经济是否可以更加内洽。非常简要地说，“94 改革”是把过去屡屡试验但是总走不通的“行政性分权”，终于转到了有望走通的“经济性分权”，不再按照行政隶属关系组织财政收入和实施企业管理，

* 在地区金融生态环境学术研讨会上的发言，根据速记整理。

而是使所有的企业，不问经济性质、不论规模大小、不看隶属关系，在税法面前一律平等，该交国税交国税，该交地方税交地方税，税后可分配的部分按照产权规范和政策环境由企业自主分配。这一转变是里程碑式的，这才真正刷出了分权中反复强调的各类企业公平竞争的"一条起跑线"，以后所有的跨隶属关系、跨行政区划、跨经济性质、在统一市场中的要素重组、要素流动等等，才真正在无壁垒状态下成了气候，一直联结到现在我们要建立的现代国家治理体系、现代市场体系和现代财政体系。

1994 年这个框架里面，也同时合理解决了中央和地方之间的关系问题，不像过去那样，形式上想稳定，讲"一定五年不变"，但是总是稳定不下来，实际上要互相算计，桌面下面种种利益关系的摆平过程要按照潜规则来处理。"94 改革"以"无体制周期"的规范框架，消解了"诸侯经济"、"中央困难"、"政府职能错位"等不良状态。

1994 年以后一直到现在，中央和省为代表的地方之间，体制上总体来说是在桌面上讨论如何优化分税方案，但是也出了一大堆的问题：基层财政困难的问题，天文数字地方隐性负债的威胁，还有土地财政短期行为等等。如果说这是"94 改革"使地方没有钱所造成的，把板子打到分税制身上，我认为这是完全错误的，是不了解实情，因为 1994 年以后直到现在，我们虽在中央和省级代表的地方之间维持了分税制的框架，但是省以下一直没有真正进入分税制状态。上述所有这些问题，来源就是省以下实际上五花八门的包干制造成的，恰恰只有坚持把分税制贯彻落实，才可以真正解决 1994 年以后越来越困扰我们的财政分配领域的种种问题。在这样的大思路之下，我们需要按照"一级政权、一级事权、一级财权、一级税基、一级预算、一级举债权、一级产权"这样一个逻辑连接，在扁平化的三级框架里处理好财政税收方面深化改革的问题，也一并解决地方债风险防范的问题。把这个深化改革问题处理好了，才是抓住了最关键的思路。所以从这个角度来看，我认为有必要结合大家都关心的地方债，把它还原到配套改革中，结合着"五位一体"的十八大和三中全会的精神，把它的风险防控把握好。

从制度建设问题再往下简要地说，当然我们要特别看中审计信息披露之后，在公共部门债务主要是地方债方面，怎样防范风险上的"技术路线"考虑。我个人认为，从现在的信息来看，我们可以有把握地用眼睛的余光看看总体运行的状态，而聚焦到某些区域、项目的风险防范问题上，因为我觉得这是选择了有信息支撑的一个相对低管理成本的监管状态。为了深化这方面的相关分析，首先可注重一系列值得肯定的“地区金融生态环境”这样更有指向性的具体研究成果，因为中国有这么复杂的各个地区的不同情况，所谓地区金融生态概念我觉得是把这个公共债务跟地方债务防范风险问题，对应到有具体指向的地区和政府辖区，包括某地区的深化改革方面走到了什么样的状态，这个地区不可回避的地方政策融资的套路、信用记录与市场环境等等这些要素，把这些息息相关的东西合在一起，形成具体区域和项目风险防范方面的认识，便有特别的价值。

比如，审计署公告表明，2010 年底的时候，可以观察到我国市一级的债务率超过 100% 的，不超过 1/5，县一级则不超过 1/30（具体可以拿到名单），对这些地方已有这种信息的披露。但是，这些地方一个个具体地看，不一定负债率高就一定出事，也不一定负债率低就可以高枕无忧。具体分析起来，应该在地区金融生态这样的概念之下，落实到案例式的更充分的分析认识上。在这方面我愿提到可观察的 2 个具体案例。

第一，融资平台的活跃度与地方金融生态问题的温州观察。我们都注意到地方政府近年发展了近 1 万家融资平台，大家也注意到这些融资平台种种信息的透明度往往是很低的，地方政府主要的领导，可以比较便捷地把意图贯彻到这些融资平台当中、贯彻到他们具体业务活动中间。他们要干的事情是什么？按我的说法，其实他们干的都是政策融资，但这个事情在总体规范性不高的情况下，实际的评价上会大有区别。有一些地方不太看中融资平台，但并不因此就可以认为他们这个地方金融生态环境一定好。

在温州，我们观察到过去当地政府不太依靠融资平台，更加推崇的是无为而治。在温州“跑路”的金融危机发生之后，有了一个不得已的灭火处理。其后我在温州参加现场研讨会，听到温州当地人民银行分行的行长非常自豪地说，温州在前面七年全国金融生态的评比中，始终都是第一。但我觉得这是很有讽刺意味的，他仍陶醉于这个金融生态指标计算出来非常好看，但是跟在后面的是什么？却是一场实际上震动全局的“跑路”危机！尽管按照当地正规金融体系指标打出的金融生态的分数，可以很好看，但当地的正规金融对温州辖区地面上大量实体经济的支持已经边缘化、几乎不足道了，因为当地实体经济中大量的民营企业、中小企业靠什么融资？靠灰色地下金融、甚至是黑色的高利贷在维持。在这种情况下，当然就应该说不能只看到那里一些正规金融、常规金融方面生成的指标表现很好，我们就可以仅凭此而给他们一个比较好的、乃至高高的分数，而且认为之后那里的融资进入风险就真正很低了。也就是说，如果我们按照过去一般的习惯，光看某个地方的政府比较开明，常规的融资指标看起来不错，融资平台不活跃，就认为应该对其金融生态给予高度评价，那么这种认识就还没有和现实生活很好地对接。

还有另外一个角度的案例。我在前几年财政部还允许的时候，曾担任一家国内中型银行的独立董事，在担任独立董事期间注意到，当时银监会明确要求，所有的银行都要把与地方融资平台相关的贷款项目一一列出，并作出风险评估排序后上报。融资平台在法律框架下看都是一个个企业法人，如果其融资出了问题，第一责任人不是财政部，而是金融监管部门，所以银监会要抓这种监管。我所在的这家银行于是形成了一个非常清晰的概念：这家银行给地方融资平台的贷款余额是1000多亿元，后面跟着有一个分析，其中有约1/10，即一百多亿元的这一部分，主要是对应于比较纯公益性的项目；显然这种项目贷款的风险度一般会较高，但随后又跟着有一个分析：这100多亿元的贷款都发生在北京、上海两地。于是，我们便又多少松了一口气——具体风险防控上似还不必太紧张了。为什么？我们从经验判断上可以知道，假如京、沪两地真的出现这种项目上的资金紧张局面，因为当地政府有比较有力的综合经济产业支撑，他们在主观动机上也一定是把自己的政绩持续地表现出来，而不是出现不利于区域形象的局部危机，所以那种情形下依靠腾挪资金消解紧张局面便会成为现实。也就是说，在那个阶段上，北京、上海两地由这家银行配上去的这些贷款，主要是以后如何消化的问题，还并不是多么高风险的问题。这都值得去具体分析。

在提及上面两个例子之后，我想回到规范的问题上：我们已经可以凭借审计公告等更清晰地获知较全面的信息，已经形成了一些短中期结合的基本的共识，但是再往下，考虑如何让明规则能真正有效，就要回到中国的现实，面对这样一个差异很大、各种要素的搭配各不相同、往往不可比特点很突出的庞大样本群。在这种情况下，首先应该坚持地方债需要开前门、关后门。财政部这几年已在推行省级牵头在省级预算中安排的地方债，以后要让地方自己发债——开始时有必要由中央财政代理发行，是想让这个事情初期做得比较顺利一点，但是未来趋向是非常清楚的。以后中央财政不做隐性担保了，防范地方债风险要靠什么？显然要靠多重的审计监督、舆论监督的作用，特别是市场的约束、专业化的力量，以及有效的制度体系里面可以利用起来的种种约束机制，如通过地方信用评级、市场交易可以实现的约束力量，一起来使地方政府在阳光融资的道路上持续运行。

这些事项上，不必讳言，有关方面需要和地方政府更多打交道，在地区金融生态的概念之下，还有必要探讨在中国我认为需在命题之下抓住不放的“政策性融资”的一系列具体问题。总体上，需要考虑在一个商业性的金融体系之上，由央行以货币政策作总量调控的同时，伴之以一个必须兴利除弊打造好的政策性融资体制机制，允许各地方政府合理利用自己的财政空间去贯彻地区发展战略，助推实现合理融资业务。那么在这个视角之下，我们必须研讨的是化解地方债务风险的长效机制，让阳光化可持续运行的相关机制建设，纳入体制创新、管理创新和技术创新在全面配套改革中的良性互动。

为什么要推行地方政府债券自发自还制度

白景明

经国务院批准，2014 年上海等十省、市试行地方政府债券自发自还制度。对此，国内外各界高度关注，并做出了多种评价。由于地方政府债务管理改革关乎全局和长远，试点地方政府债券自发自还制度引起热议在所难免。但要指出：正确认识这项改革事关对地方政府债务管理改革走势的判断。所以，有必要全面分析为什么要推行这项改革。

在构建适合国情的地方政府债务管理制度方面，我国已经探索了 20 多年。从财政部发布的试点办法的内容看，建立地方政府债券自发自还制度可说是地方政府债务管理改革长期试错、总结经验基础上取得的突破性进展。其中既容含着对地方债管理中的一些难点问题的解决办法，也蕴含着地方债管理改革方向的界定。这实际上也就是推行地方债券自发自还的原因所在。具体分析有如下几点。

一、明确界定地方政府债务举债主体

从上世纪 90 年代初开始，地方政府性债务就呈现出规模不断扩张趋势。2000 年初部分省市债务率就超过了 20%，2002—2004 年间地方自行举债余额年均增长达 36.4%。截止 2013 年 6 月底，全口径地方政府性债务余额合计 17.89 万亿。对此，政府和学术界都认为应早寻控制良策，以免酿成大祸，随之也就产生了激烈的是否允许地方政府自行发债之争。近 20 年来，党和政府有关经济工作的重大决定中，大都强调指出要加强地方政府债务管理。党的十八届三中全会做出的关于全面深化改革的决定再次强调要建立规范合理的中央和地方政府债务管理及风险预警机制。

从逻辑上讲，关于地方政府债务举债主体的界定是破解地方政府债务管理改革难题的起点。举债主体在发达经济体不言自明，无论是发行债券，还是向银行借款，地方政府债务的举债主体都是政府。其原因是政府和市场的边界相对清晰，而且国有企业的经济地位较低。但在我国却不然，如何认定地方政府债务的举债主体存有很大疑问。所以，地方政府债务被称之为地方政府性债务。加了一个“性”字，就把所有与政府相关的债务都归为政府债务，其中有政府部门及其下属机构负债，也有政府担保负债和国有企业负债。之所以出现这种情况，主要原因是我国的地方政府债务是没有法律地位的怪胎，是在地方以政府名义或政府口头支持企业形成大量负债已成定局的前提下只能无可奈何地承认现实。现在推进地方政府债务管理改革，必须从头理乱麻，清晰地界定政府债务的举债主体已成为改革的“基础工程”，这个问题解决不好，就搞不清楚地方政府债务管理的管理对象，进一步说就是搞不清楚政府究竟要对那些债务负责任、负多大程度的责任。

事实上，在探索完善地方债管理过程中，如何界定地方政府债务的举债主体，始终是政府纠结的问题之一。我国首次认可地方举债是在 1998 年。当时，我国采行积极的财政政策，年内调整国债规模，全国人大常委批准增发 1000 亿国债，并允许将其中的一部分转贷给地方使用。这实际上是中央代地方发债，融资成本地方承担，只不过穿的是国债外套并由中央来发行。就当时而言确实是一大突破。因为此前地方举债都是“自作主张”，没有明确的中央认可的渠道。1999—2004 年这一制度被沿用，其后改变了做法，采用中央代地方发债方式（不再搞转贷）为地方政府举债融资，这部分债被称为地方政府债券，由地方使用、偿还，列入省级公共预算管理，省级政府可把本省债券额度再转贷给市、县级政府。有必要指出：“地方政府债券”概念的出现值得认真揣摩。过去地方债没有正式名称，现在有了正式名称，这实际上意味着要给地方债划边界了，隐含的意思是只有纳入预算管理的债务资金才算做是地方政府债务。

地方政府债券自发自还是在该类债券规模逐步增加背景下出台的改革，近年来地方政府债券年度规模占地方政府性债务年增长额的比重已超过 10%。地方政府债券自发自还的实质是进一步明确了地方政府的责权，打破了中央代发代还模式固有的举债和用债主体模糊的弊端，从而真正把地方政府债券的名称与操作统一起来了，实际上形成了有条件、有控制的地方政府举债融资。进一步说，自发自还规定清楚了真正的地方政府举债融资主体就是地方政府，今后讨论地方政府债务改革应只围绕地方政府债券来展开，不能再把政府性债务全部端过来说如何改革。地方政府举债融资应只走地方政府债券一条路，而不能再多头举债。至于历史上积存的多类政府性债务，可采取多种方式化解。总之，自发自还对地方政府举债融资主体的明确，为今后建立规范的地方政府举债融资机制创造了基本条件。

二、考验地方政府的举债融资能力

长期以来，很多人一直在呼吁让地方自主发债，认为既然地方政府性债务已成事实，莫不如干脆开前门、正名份、放权力，让地方政府自行举债融资。对此，又有很多人持反对意见，认为事实是地方政府性债务已经失控，允许地方政府自主举债就是放虎归山，最终酿成大祸。然而事实是两种截然对立的观点，都未能拿出有效证据说明地方政府是否有能力举债。那么，怎么办呢？可行的办法是找出一条中间道路先来尝试考验地方政府是否有能力自主举债。推行地方政府债券自发自还恰好是考验地方政府是否有自主举债能力的中间道路。

首先，中央政府代发代还地方政府债券实际上是对地方政府发行政府债券的变相担保。因为举债主体形式上还是中央政府。从理论上讲，如果一旦地方政府还不了本金，中央政府要负责。自发自还则不然，举债和偿债主体都是地方政府，这就斩断了地方政府债券与中央政府的责任联系，举债时地方不能再做一旦偿债有问题中央会资助的假设。所以，地方政府在争取地方政府债券额度就要放弃多多益善的理念，转而从偿债能力角度去考虑争取多少额度。这就打下了地方政府发债自律的前端制度基础。

其次，现行地方政府债券自发自还试点办法规定发债规模限额当年有效，地方政府按照市场化原则发债、债券资金实行预算管理。现行地方政府债券预算管理办法还规定，用地方政府债券发行收入安排支出的部门和单位，要将支出纳入部门预算和单位预算实行项目管理。这些规定实际上是对地方政府举债能力的全面考验。发债规模限额多年有效，会使当年不能足额发债的省暴露出举债能力市场认可度低的问题。如果所有省都能足额发债，说明地方政府举债能力与举债规模相适应。按照市场化原则发债，则会出现各省债券利率差别。当然，在以同期限新发国债发行利率及市场利率为定价基准的原则确定债券发行利率的条件下，这种差别不会太大。但差别的存在足以反映出省际间举债能力的差别。特别是财政状况好的省份，会出现融资规模大与融资成本低并存格局；反过来，财政状况差的省份则会出现融资规模扩张难与融资成本上升并存格局。进一步说，省级政府市场化发债可以检验出社会对各省举债能力的评价，从而倒逼各省客观考量自己的举债能力，事实上形成让市场约束政府举债，使地方政府不再凭自我感觉来决定举债规模。把地方政府债券纳入预算管理，核心是明确偿债资金来源，是把地方政府负债与地方税收挂起钩来。这实际上是在从税收增长势态角度考量地方政府举债能力，目的就是要打破举债决策不权衡税收增长支撑力强弱的惯性思维，从而也就给债务扩张上了一把税收约束的锁。如果沿着这条路走下去，中国就会改变所有地方政府都愿意高负债的格局。

总之，自发自还制度具有测度地方政府举债能力功能。发挥好这种功能可以为人们判断是否允许地方政府自主举债提供有效依据。

三、全面控制财政风险

当前我国财政风险总体可控，赤字率2.1%、债务率不足40%。但财政风险扩大的潜势不容忽视。首先，从国际经验看，财政风险到了一定程度后有加速扩张特征。上世纪末期欧洲国家债务余额占GDP比重普遍在40%左右。但其后十几年快速提升，2006年日本、法国、匈牙利、德国就升至60%多，2009年又升至70%多，意大利和希腊在2009年则突破了100%。反观我国，目前全口径政府债务（国债+地方政府性债务）已近40%。这非常值得重视，应采取措施防止后期加速扩张。其次，我国连续六年实施积极的财政政策，累计发行了近7万亿国债。同期地方政府性债务又新增了7万多亿。这些债务在未来十年内大部分要偿还完毕。显然，压力巨大。再次，从2012年开始，财政收入增速陡然下滑，当年降至12.8%（比2011年下调12个百分点），2013年又降至10.1%。从趋势看，财政收入增长率维持两位数很难。其主要原因是经济增长率回调、价格相对稳定、减税政策频出。但反过来财政支出压力急增，突出表现在基本公共服务供给扩围提标、结构调整性政府投资增长、人员支出改革资金需求加大等方面。

这种收支失衡压力会催逼赤字扩大，进而构成财政风险放大压力。又次，中国是一个高利率国家，债券利率水平超出发达经济体一倍以上，特别是地方政府性债务中银行贷款比重超过 70%。今后还本付息压力会日渐加剧。事实上，中央政府国债还本付息压力也很大，2014 年国内债务付息支出占中央财政本级支出比重已达 11.7%。从近年来国债发行期限结构看，这一比重今后不会降低。显然，这是非常值得重视的问题。

世界各国经验表明，财政风险放大主要原因是制度驱动，中国更加突出。防控财政风险必须从制度变革入手。地方政府债券自发自还是抑制财政风险放大的有效制度措施。首先，自发自还等于把地方政府推到了前台，额度锁定，能发多少发多少。偿还自理，违约责任自担。这会迫使地方政府自觉控制财政风险，打破市场和地方政府两级对地方债务中央托底的幻觉。其次，限定债务规模和期限结构实际上是从顶层锁定了债务风险放大边界并分摊了债务风险释放的年度压力。这对中央财政风险的防控是一种制度推力。再次，各省面向市场自发自还，实际上是借助市场的力量去控制地方政府债务盲目扩张。如果出现年度额度用不完，表明的是市场不认可该省的融资，这会倒逼该省重新策划举债规划。

政府投融资创新模式研究与示范

——运用产业基金+金融租赁模式解决地方政府债务风险

课 题 组

一、化解地方债务已经成为当前财政的核心问题之一

近年来，基于GDP增长需要与投资拉动的政策要求，地方政府负债投资问题愈演愈烈。2011年6月国家审计署发布的第一份地方债务统计报告披露，截至2010年末，我国地方债务的余额为10.7万亿元。但是据估计，目前全国地方政府负债实际应该在15万亿—18万亿元之间，甚或更高。

地方政府负债带来的问题主要表现在以下几个方面：

（一）债务总规模过大，已经造成了地方财政巨大的压力

根据财政部公布的2012年财政收支数据，2012年全国财政收入为11.72万亿元，其中中央财政收入5.61万亿元，地方财政收入6.11万亿元。地方政府统计负债基本与全国财政收入总额持平，实际负债超过全国财政收入总和，是地方财政收入的2.45—2.95倍。巨大的债务，已经给地方财政造成了巨大的压力。一些进入还债高峰期的地方财政，在其财政支出结构中，还债资金占财政支出的比重已经超过了公共支出。

（二）财政收入增速放缓与刚性支出持续加大的矛盾愈显突出

据财政部数据显示，2013 年 1—3 月，全国公共财政累计收入增长 6.9%，比去年同期回落 7.8 个百分点；至 2013 年 7 月，全国公共财政上半年累计收入同期增长比例提高到 7.5%，但仍略低于上半年 7.6% 的 GDP 增速；其中中央财政收入同比增长仅 2.6%，比年度预算 7% 低 4.4 个百分点。

与此同时，财政刚性支出持续加大，这不仅体现在用于教育、医疗卫生、社保和就业等民生方面的支出增速均超过全国公共财政的支出增速，同时还包括地方财政直接承担或通过承诺、担保等方式间接承担的贷款本息进入偿还高峰。

在现有的分税制财政体制没有进入较大调整、地方财政难收从中央财政取得相应的转移支付资金化解债务问题的前提下，巨大的财政收支矛盾刺激地方政府继续通过培养地方税源的方式，来解决这一问题。而从目前的税收结构看，真正能给地方政府带来可用财力的，主要仍然是房地产市场和资源开发行业。而这两个市场又面临着国家的宏观调控管理。因此，目前，地方政府的一些做法，将造成“饮鸩止渴”的效果，不仅不利于国家的宏观调控，同时，也可能会使未来的财政状况陷入更加艰难的境地。

（三）负债方式单一，集中还贷压力难以承受，财政风险不容忽视

按照世界银行经济学家 Hana Polackova 的风险矩阵，政府债务可分为政府直接债务和政府或有债务两大类。前者是指政府在任何条件下都无法回避的责任和应履行的义务；后者是指在特定条件下政府必须承担和履行的责任和义务。这些责任和义务全部内含于政府职能中，不过在表现形式上，有的是显性，有的是隐性。因此，政府债务实际上可分为四类：显性直接债务、隐性直接债务、显性或有债务和隐性或有债务，相应的政府债务风险也有四种：显性直接债务风险、隐性直接债务风险、显性或有债务风险和隐性或有债务风险。从我国的情况看，地方财政的显性直接债务主要包括国债转贷而形成的债务、欠发工资而形成的债务、粮食亏损挂账和乡镇财政债务；隐性直接债务风险主要是指社会保障资金缺口所形成的债务；显性或有债务风险主要是指由政府公开承诺、担保而形成的债务，其中包括由地方财政部门担保转给地方企事业单位使用的国债转贷资金，地方政府投融资平台形成的债务；隐性或有债务风险主要是指政府没有承诺和担保

的债务，但这些债务一旦出现危机，政府从公众利益的角度考虑，必然会加以干预。政府干预就意味着政府要投入资金，承担责任。从地方财政来看，这种债务主要体现在国有企业未弥补亏损和对供销系统及农村合作基金会的援助。

但是，目前我国对地方政府的债务统计，基本上只停留在直接风险上。目前审计署对地方政府债务的审计范围，除了融资平台债务，还包括地方政府债券、国债转贷、外债转贷、农业综合开发借款、其他财政转贷债务中确定由财政资金偿还的债务、地方政府粮食企业和供销企业政策性挂账。而且，还有很大的水分。如：2011 年审计署公告显示此次审计得出各地共有 6576 个融资平台公司，而央行 2011 年 6 月 1 日发布的《2010 年中国区域金融运行报告》显示，截至 2010 年年末，全国共有地方政府融资平台 1 万余家。审计署审计范围包括的融资平台，比央行统计数少了 3000 多家，这意味着直接缩小了债务审计的范围。

尽管如此，目前，地方政府在直接债务上，主要的融资方式，除了国债，主要还是利用土地抵押开展的银行贷款。土地财政成为当前地方财政中最核心的内容。政府的还债来源几乎全部依赖土地出让收入，到目前已进入集中还贷期。

根据审计署披露的信息，自 2013 年开始，地方政府债务进入集中偿还期，其中 53% 的地方债务将于 2013 年底前到期。鉴于各级地方债务总额的真实数字难以掌握，即使只按照审计署披露的 2010 年末全国地方债务余额 10.7 万亿元计算，2013 年底前到期地方债务也已逼近 2012 年地方财政收入总额。

对此，各省财政预算报告已经显露出担忧。如浙江省财政预算报告称，“地方政府性债务进入还贷高峰期，一些市县财政资金调度的压力较大”；而湖南省预算草案则直接指出，“偿债压力很大，一些地方政府投融资平台公司运行存在隐患，财政潜在风险不容忽视”。

（四）负债管理体制不规范，透明度不高，使地方政府负债基本脱离了财政监管

不论地方政府负债的主体与形式如何变化，最终由财政兜底将是毫无悬念的唯一结果。但是，财政部门在政府负债产生前的管理责任却并未明确。

除了通过财政部门直接经手的国债转贷资金、世亚行贷款等直接债务外，在地方政府通过设立融资平台企业生成大规模政府负债的过程中，企业审批由工商部门负责，项目立项、企业债券发行等审批由发改部门负责，贷款审批由金融机

构负责，土地抵（质）押审批由国土部门负责，项目规划、建设等审批由建设部门负责，好像财政部门除了承诺还债兜底之外，在此过程中并无其他任何发言权。

承担了最大兜底责任的财政部门在地方政府融资负债过程中被边缘化，反映出我国政府负债管理体制尚处于不规范阶段，地方政府负债基本脱离了财政监管。

二、我国仍面临着地方政府债务扩大的风险

（一）发展公共经济是我国未来经济健康稳定发展的基础

2013 年 4 月 9 日，国际评级机构惠誉将我国的长期本币信用评级从 AA－降至 A＋，理由即是担心政府债务膨胀及影子银行扩张损害金融稳定，这是自 1999 年以来我国主权信用评级首次被一家大型国际评级机构下调。

要确保我国人民币的信用稳定，确保我国的国家信用能力，其根本的解决办法，仍然是发展经济。这里，既包括了建立在社会主义市场经济基础上的实体经济，更包括了由中央和地方财政支撑的公共经济。而且，从某种意义上讲，公共经济，如教育、卫生、社会保障等，能否实现可持续发展，将对我国的国家信用和人民币的信用产生更为直接的关联度。

另外，实体经济的发展，也需要公共经济的发展来提供外部环境。如果不能形成一个良好的社会保障体系，不能形成一个稳定的公共服务体系，实体经济是很难实现可持续发展的。因此，公共经济将成为支撑我国经济持续、稳定、健康发展的基础。

（二）无序地扩张地方债务，仍是不少地方政府推进地方公共经济发展的主要资金来源

1994 年实施的分税制财政体制，明确了中央与地方政府之间的事权与财权。同时，在财权与事权之间的关系界定中，税收将作为支撑地方政府运行的主要资金来源，用于养人，通过税收安排的事业费比例极低。而土地出让收入等“预算外资金”则主要地用于地方公共事业的发展。

分税制财政体制所确定的这种事权与财权的匹配关系，尽管通过十几年的改革完善，得到了一定程度的改善，在以税收为主要收入来源的一般预算收支中，建设性资金的支出比例不断提高。同时，中央财政还安排了国债转贷等多种方式，来化解地方政府建设公共经济的资金问题。但分税制财政体制所形成的这种财权事权匹配关系仍没有从根本上得到改变，地方政府主要依靠土地财政推进公共经济发展的局面仍将成为未来发展的主要形式。正因为如此，地方财政通过举债推进区域公共经济的发展，提升社会事业的公共服务能力，仍将成为未来我国发展中不可缺少的重要环节。因此，可以预见，即使地方政府的债务规模已经达到了一定规模，有的甚至超过了其自身的财政收入，但地方财政举债的趋势将会越演越烈。

另外一个刺激地方财政增加债务规模的理由，则是我国长期的财政体制改革的路径依赖。从改革开放至今，我国的财政体制已经进行了多次重大改革。但这些改革所释放的信号，一是地方赤字越大越合算，只有是赤字地区，中央与地方进行体制调整时，肯定予以必要的照顾。二是无论是分税制，还是分灶吃饭，所有的财政体制，都告诉地方财政，各级财政的债权债务，最终都将由中央财政来兜底。中国不可能出现美国底特律这样的城市破产事件，只要地方财政出现了债务风险，最终都将会由中央财政负责解决。地方政府也正是看到了这一点，才敢于超越自身财力无限扩张债务。

（三）现有的财政管理模式，难以有效控制地方政府的举债动机与行为

围绕着如何化解地方债务问题，包括我所在内的各级研究机构，提出了多种解决方案。财政部还在进一步深化财政管理体制改革中，提出了相关的改革意见。但在上述的改革路径依赖下，可以预见，这些改革政策，最终都不可能控制地方政府的举债动机。

首先，我国的政体决定了中央财政始终是地方债务的最终兜底者。我国是一个共和制的国家，不是联邦制国家。在这种政体下，地方政府仅仅是中央政府下的“二级法人”，没有独立的债务承担能力，也没有独立的地方政府信用。这就决定了，在这种国家政体下，中央财政永远是地方政府债务的最终兜底者。这就决定了，地方政府无限扩大地方债务的动机不可能因为行政管理体制、地方政府首长的绩效评价体系、财政管理体制等多项对地方政府和政府首脑的约束机制而

发生根本性的改变。

其次，通过行政、法律手段，无法控制地方债务规模。为了控制地方政府的债务规模，在新一轮的财政管理体制改革中，将会继续国债转贷的改革路径，通过指令性或指导性地下达地方政府举债规模的方式，来调控地方债务规模。有些学者还建议，通过修订《预算法》，通过法律的方式来管理地方债务，由各级人大来履行监管职能。但从目前地方债务的实际情况看，这些改革措施，都很难取得较好的效果。

正如前文所讲，目前以地方投融资平台为主要举债方式的地方债务体系，实际上游离开财政管理体制之外，地方政府举债，都是通过企业化的投融资平台方式来实现的。因此，上述的行政手段或法律手段，只能控制直接由地方财政管理的债务，很难控制按照企业化模式所开展的地方投融资平台的债务规模扩张。

最后，依靠改进财政监督方式，也难以控制地方债务问题。在新一轮的财政管理体制改革中，强化财政监督体系的改革，将成为财政管理体制改革的重要内容。财政监督方式改革的主要内容，一是把监督嵌入到整个财政管理流程中，通过流程重组，来提高监管能力。二是把监督位置前移，扩大事先监管的力度。但无论如何改革，财政监督体系仍然是财政管理体制的重要组成部分，无法对游离于财政管理之外的政府投融资平台进行有效监管。

因此，如果依靠纯财政的改革，来化解地方政府债务，难度相当之大。

（四）政府投融资平台助长地方政府举债

目前上万家政府投融资平台，是地方政府债务的主要来源。过去数年间，地方政府设立融资平台企业的行为逐渐无序化，既不讲求科学的治理结构，也不遵循市场化的经营规则，把土地资源当做“护身符”，其最终的结果，是这种企业化的债务风险，最终成为财政的债务风险和金融风险。

首先，投融资平台的概念本身即违反市场规律，因为设立平台的唯一目标就是融资，根本不顾及财政承受能力、项目投资效益、企业经营风险等问题。而这些问题在长达数年的时间里，被不断推高的土地价格所掩盖，目前已经到了快盖不住的程度。

其次，为了达到向银行融资的目的，部分平台企业不惜采用将土地“一女多嫁”、甚至做假账的手段；而部分银行在强大的利益吸引与内部效益考核面前，扮演了“睁一只眼闭一只眼”的角色。这种情况已经使部分地方债务直接演变成了未来的金融风险。

为了彻底解决地方投融资平台对地方债务的影响，2010 年国务院发布了 19 号文件，对地方投融资平台进行了清理整顿。银监会、证监会等也发文收缩地方融资平台企业银行贷款规模。但从实际执行情况看，一方面，如果彻底卡断地方政府投融资平台的融资渠道，不仅将导致一批在建的项目停工，影响地方公共经济的发展，而且会导致资金链的断裂，使地方的债务风险直接转化为真正的债务危机。另一方面，地方发展公共经济的需求，仍然需要政府投融资平台发挥作用，提供融资功能。因此，在严格执行 19 号文件的同时，地方投融资平台一方面积极向商业化的方向发展，形成真正的公共治理结构和企业化管理机制。另一方面，在缩减银行贷款渠道的同时，采取了信托、债券、银行业内部影子银行等直接债务的方式，以及通过向子公司提供担保等隐性债务的方式，继续履行着政府投融资平台的功能。

地方政府投融资平台的这种“拆东墙补西墙”的方式，既是地方发展公共经济的必要手段，在未来的发展中，必将长期地以不同的方式存在。但这种方式，不但不能解决根本问题，还进一步加大了地方政府负债的资金成本，虽然可以在时间上短暂延缓资金链崩盘的危险，但却使整个不良债务规模变得越来越大，最终可能危及整个国家财政的稳定。

因此，在未来我国社会经济的发展中，地方政府继续举债来发展公共经济，将是我国持续健康发展的必要基础。而目前的财政管理体制，以及政府投融资平台的改革思路，都难以从根本上摆脱中央财政对地方政府债务兜底的这一客观事实，必然助长地方政府扩大地方债务的动机。可以说，在现有地方债务的规模下，仅仅依靠财政管理体制进一步管理将要新增的地方债务，将面临着更大的压力。

三、实现财政与金融的良性互动是化解地方债务的根本举措

党的十八大以后，新一届中央政府提出了“稳增长、调结构、促改革、惠民生”的政策目标，要求依靠市场力量进一步优化资源配置，激活经济增长的

内生动力，促使经济结构顺利转型升级。在这个过程中，公共经济的发展将是升级转型的基础。因此，尽管已经存在着占全国GDP总额已达三分之一左右的地方政府债务，但未来地方债务仍将受公共经济发展的客观要求和不可根除的地方政府无限制负债投资的惯性思维，而呈现更为快速增长的态势。

要确保新时期经济的转型升级，必须发展公共经济。而在目前政府的财力结构下，发展公共经济的主要手段，仍然是债务。因此，要从根本上消除地方债务、或者不允许地方政府增加债务规模，既不现实，也很困难。唯一的办法，就是采取一种符合社会主义市场经济要求的新的政府投融资模式，来取代现有的制度，从而在彻底化解地方债务的同时，确保公共经济的可持续发展，确保公共经济为整个经济结构的转型升级提供更多的公共服务。

从政府投融资体系形成以来，一直是建立在国家信用的基础上。目前对地方债务管理的改革思路，以及新一轮财政管理体制改革的方案中，对地方债的管理，仍然采用建立在国家信用基础上的财政工具。而几十年政府投融资体制的发展过程可以看到，在不可能消除中央政府对地方政府债务兜底这一基本政体的前提下，仅仅采取财政工具，是很难化解这一问题的。因此，我们认为，必须“跳出财政看财政”，换一个角度，来寻找化解地方政府债务的方法。

（一）必须重新认识财政的资金属性

从一般意义讲，财政是国家分配的手段，是国家宏观调控的工具。财政是建立在国家政府和国家信用基础上的，它与建立在货币信用基础上的金融，有着本质的区别。因此，无论是《预算法》，还是其他金融监管政策，都严格地把财政与金融区分开来，不允许财政资金金融化，也不允许金融资金财政化。

但从资金的角度讲，特别是从债务的角度讲，无论是财政性资金，还是银行资金；无论是政府债务，还是银行债务、企业债务，其最终的表现形式，都是资金的运行过程。因此，尽管财政资金与金融资金在性质上存在着巨大的差别，但在表现方式上，却都是一种资金的运用。这也是为什么在英语中，财政与金融都是被称作“finance”的根本原因。

在我国现行的财政理论中，强调了财政作为国家分配工具的本质属性。从这一角度出发，形成了以行政手段为主体的财政资金管理体制。在新的发展时期，除了要坚持财政的本质属性，确保财政资金的宏观调控功能、分配职能等基本要素外，更需要强化财政的资金管理属性，所有的财政行为，都是通过资金的运行来进行的。从这一角度出发，财政管理体制改革的核心，是如何充分利用财政的资金管理属性，按照资金管理的要求，来强化包括地方债务的管理。

（二）实现财政资金的金融化管理，是未来财政管理体制改革的重要方向

不论从哪个角度讲，财政都是每个国家中自有资金量最大的经济主体。运用金融对资金的管理模式来管好财政资金，才能真正发挥财政资金在宏观金融运行中的正面作用。同时，通过在资金层面与金融机构的合作，才能从根本上解决财政资金现行管理体制中的很多问题，使地方债务等用行政手段推进的财政管理体制难以解决的问题，寻求有效的化解方法。

需要说明的是，财政资金的金融化管理，和以前财政管理中财政资金不允许金融化的概念是完全不同的。在现行的管理体制下，财政资金的金融化，将直接造成用金融资金来弥补财政资金的不足，加大财政的银行债务，因此，这种管理模式，会混淆财政资金与银行资金的性质，导致财政的金融债务加大。而财政资金的金融化管理，是指运用金融机构管理资金的方式方法，来提升财政资金的管理能力。这些金融方式的应用，不仅不公混淆财政资金与银行资金的性质差异，而且，通过金融工具的有效运作，可以形成良好的财政金融互动机制，用金融的思维来管理、运用财政资金，从而建立金融化财政管理体系，真正提高财政管理资金的能力，从而达到财政管理精细化和科学化的目标。

（三）区分财政资金的特点，用不同的金融工具管理财政资金

按照绩效管理中“结果导向”的原则，财政管理资金的方式方法，是严格按照财政资金使用的目标来确定的。因此，实现金融化的财政资金管理，就需要根据财政资金使用的不同目标，来选择不同的金融工具与现行的财政管理工具配套，在规范的前提下最大限度地盘活财政资金，使财政资金真正做到“有所为有所不为”，使财政管理在提高财政资金的合作效果同时，能更好地发挥调控社会经济运行的宏观调控能力。

根据目前我国财政资金的使用方向，实现金融化的财政管理体制，其核心就是用金融工具与财政工具的有效结合，“严控政府运行成本、大力发展公共经济、适度引导实体经济”。

上述三个财政支出目标，其公共性有着较大的差异。按照公共性的不同，需要选择不同的财政金融工具进行管理。其中，公共性越大，财政工具的作用越明显。

1. 以财政工具为主，严控政府运行成本。

政府运行成本包括行政事业单位的人员经费、政府办公场所使用经费、以及政府日常办公经费三大部分。这部分支出，是财政资金中公共性最高的，属于纯公共产品，因此，财政工具起着重要的作用。典型的如，通过预算管理来控制“三公经费”。但即使在这一纯公共领域，仍然有很多可以利用金融工具的空间。如：对财政增收能力有限的地区，可以通过租赁来解决政府部门办公经费的方式，以节约财政在运行成本上的支出。

从调查情况看，很多地方的政府办公用房，是当地最豪华的。特别是一些财政比较困难的地区，地方政府办公楼的先进程度，已经超过了当地社会经济的发展水平。盘活这些办公楼，通过租赁的方式把这些办公楼出租给实体经济，用取得的租金收入，完全可以租得更经济的办公用房，而且不需要地方财政再增加维护经费。但受制于现行的土地管理政策和行政管理体制中“大而全”（所有的办公设施，必须自有）的观念，地方政府用房成为不能经济化运行的禁区。通过转变观念，调整相关的政策，用金融租赁等工具，可以极大的节省行政的运行成本。

2. 金融工具与财政工具相结合，大力发展公共经济。

公共经济包括了市政交通设施、学校、医院、水电气基础公用设施、保障房、社保、低保、就业、文化等保证基本国计民生的社会事业。按照基本公共服务均等化的要求，这类公共服务，既要达到全国均等化的供给，更要按照不同地区的社会经济发展水平，形成自身特色的公共经济体系。因此，在这一领域，存在着两个方面：一是以中央对地方的一般性转移支付为资金来源所形成的均等化公共服务体系；二是以地方政府的土地财政、地方债务为资金来源建设形成的地方特色的公共经济体系。

在这一公共经济领域，既有公共性，更有经营性。由于目前的公共产品均等化服务中，还没有形成“均等化”的标准，因此，如何界定某一领域的公共性与经营性，是十分困难的。典型的如：每个地区都必须要有服务于全体公民的博物馆，但怎样规格的博物馆才算是均等化服务，这是不可能界定的。正因为如此，这一领域也是地方债务最集中的地区。

如何使公共经济的发展，既能达到均等化供给的要求，又能适应区域经济发展的要求，支撑区域经济的转型升级。这就需要从公共经济的运行方式入手，通过公共经济的企业化管理，来实现财政资金的金融化运作。

从国际经验看，即使是博物馆这样的纯公共产品，也是按照企业化的方式进行运行的。既然称之为“公共经济”，必须按照企业化的要求，以经济体自身的利益最大化为核心进行运行。只不过公共经济主体（如博物馆）的利益最大化，并不象一般的实体经济那样，是通过直接向用户提供服务的收费取得，它更多地来自于政府的补贴。典型的如：目前，我国文物类的免费开发博物馆，财政都会根据参观人数，给予必要的补贴。因此，公共经济体提供的公共服务越多，取得的财政补贴越多。这就是当前中央提倡的政府购买公共服务所要达到的目标。

企业化运行，并不代表着产业化，更不代表着和实体经济一样，通过向用户收费来取得利润。公共经济的企业化运行，对应的是政府购买公共服务。因此，在这个过程中，政府采购成为重要的财政管理公共经济资金的工具。除此之外，在企业化运行的过程中，还可以通过基金、融资租赁等金融工具，来提高公共经济部门的管理资金能力，在提高公共服务的同时，降低财政的支出压力，减少地方政府的债务。

由于公共经济领域不产生直接的利润，因此，地方政府在公共经济领域的债务，最终仍然需要通过土地财政等财政性资金进行归还。这是当前地方债务面临的关键问题。通过公共经济领域的企业化运行，并将这些公共经济与实体经济的发展有效地结合起来，可以使这些公共经济体成为一个“赢利中心”，它从政府购买公共服务中取得的收益，以及政府通过该项公共服务所推进的实体经济发展所形成的收益，都将成为支撑其举债的还款来源。在这种情况下，公共经济发展所需要的资金，将不再通过政府在公共领域的债务，而是通过运行基金、金融租赁等金融工具，来支付这些“企业化”运行的公共经济部门。这种把政府债转化为企业债的改革，是从而从根本上化解公共经济领域债务问题的关键所在。

仍以博物馆为例，大英博物馆是世界上第一座国家博物馆。上世纪 80 年代起，博物馆一直实行商业化经营，自食其力。到了新世纪，为了履行“建设一个更美好的英国”的政府承诺，国家博物馆实行免费开放制度。但即使如此，大英博物馆仍然按照企业化的经营模式经营。为此，2001 年，英国在《增值税法》中针对博物馆特别增加一个补充条款：凡被政府指定的免费向公众开放其永久收藏的国家博物馆，返还其全部增值税。大名鼎鼎的大英博物馆，返还的增值税每年可高达 200 万至 300 万英镑。在大英博物馆，政府大概提供了 70% 的资金支持其免费开放，剩下的 30% 来自于博物馆经营的商店、餐厅，还有捐赠，大英博物馆摆了一个箱子在门口争取募捐。此外还有会员制度，会员主要由捐献者组成。对于重要捐献者，会把他的名字写在墙上。其中一些捐赠来自一些艺术基金会。一般来讲基金会不会直接提供给博物馆艺术品，他们提供资金，然后博物馆再选择购买艺术品。此外，还有很多渠道可获得展览所需经费，例如有相关的基金会或者由一些公司赞助等。

在这样的“企业化”管理体制下，基金等金融工具，成为大英博物馆发展中重要的资金来源。我国要从根本上解决公共经济领域的债务问题，需要借鉴这些国际经验，在改造公共经济部门、促进其形成企业化运行机制的同时，更需要利用金融工具与财政工具的结合，在化解公共经济部门资金不足困难的同时，推进其企业化运行机制的形成。

3. 金融工具为主，适度引导实体经济。

对实体经济的引导，是财政履行宏观调控职能的重要内容。在目前的管理体制下，财政主要通过对各个产业提供政策性补贴的方式来实现。但这种做法，实际上效果并不好。这里既有补贴内容过多过细的问题，也有补贴方式和实体经济发展的要求不相适应的问题。但最核心的问题是，仅仅用财政补贴，是很难实现引导经济的效果的。从国际经验看，真正能引导产业发展的，还是金融工具。

以农业为例，即使在 WTO 条件下，各国仍然保留了“绿箱”政策和“黄箱”政策，用财政资金来支持农业的发展。但同样是财政资金，很多国家采取的仍然是金融的手段。典型的如：日本通过农业合作组织来支持农业的发展，欧盟通过建立基金的方式来推进环境治理，等等。只有用经济的方式，才能正确引导产业的发展。使财政资金能够真正地融入到实体经济发展中去，发挥调控的作用。

因此，在新一轮的财政改革中，除了要对现有的财政补贴进行必要的整合外，更需要引入产业基金等金融工具，来管理好、使用好财政的产业引导资金，使之更好地发挥作用。

（四）改革政府投融资方式，以有限的财政资金带动金融资本与社会资本，引导产业转型升级

新形势下我国经济的转型升级，亟需政府通过产业政策引导予以解决。但当前的财政金融形势十分严峻，地方政府已经陷入“土地财政”的泥潭，进入还债高峰期后已经没有能力再有引导产业的能力；而金融领域产品单一，投资出现“国有融资平台企业限制贷、民营企业不敢贷、小微企业不愿贷”的矛盾心情。

要彻底化解财政资金、金融资金面临的这一问题，使财政金融资金能够真正引导实体经济的发展，就必须充分发挥财政资金的杠杆作用，改革财政投资方式，以有限的财政资金带动金融资本与社会资本，实施产业化引导投资，推进经济结构顺利转型升级。

首先，建立财政产业化投资引导机制，有助于进一步强化财政政策与金融政策的一致性，避免各级地方政府在财政投资导向上与国家金融政策“南辕北辙”。

其次，建立财政产业化投资引导机制，有助于帮助地方政府走出“土地财政”困境，使各级地方政府的工作重心从“造城运动”真正转变到支持新兴产业发展上来。

第三，建立财政产业化投资引导机制，有助于清晰界定财政公共支出的合理范围，确保财政公共支出全部进入民生领域。

第四，建立财政产业化投资引导机制，有助于提高财政资金在扶持产业发展过程中的社会经济效益，避免政策性补贴成为“养懒人、养闲人”的温床。

最后，建立财政产业化投资引导机制，有助于各级地方政府因地制宜，找准当地的资源优势，将资源、财政、金融三大要素紧密结合起来，快速形成区域经济新的支柱产业。

四、用“产业基金＋金融租赁”模式创新政府投融资体系

建立金融化财政管理体系，合理区分政府运行成本、公共支出与产业引导的财政资金管理政策，改革财政投资方式是一项涉及财政体制改革的系统工程，不

可能一蹴而就。因此，从最容易市场化的领域入手，形成成熟模式，再逐步推广，无疑是最简单快捷有效的改革路径。总结目前各地政府投融资平台运行的经验，结合财政金融改革的发展要求，我们设计形成了运用“产业基金 + 金融租赁”模式改造现有的财政投融资模式，希望通过这一模式，来化解地方政府现有的债务问题，并用上述模式替代地方政府借债，来解决未来发展中公共经济投资问题。

根据上述思路，课题组以分税制财政体制为基础，按照现行的财政管理体制改革和金融体制改革的路径，研究形成了以产业基金加金融租赁为主要金融工具，来替代现有的政府投融资平台，形成金融化的财政管理体制，化解现有的和未来的政府负债问题的一整套方案。这一方案所形成的模式，我们称之为政府投融资创新模式。我们希望，通过这一模式的研究与探索，使我国的财政管理体制真正成为与社会主义市场经济体制相适应的、按照财政的资金属性进行金融化管理的新模式，在推进公共经济发展的同时，更好地履行其宏观调控的功能。

这一模式的基本内容，可以细化为如下几个方面：

（一）明确政府投融资的范围

按照公共财政理论，政府投融资一般局限于经营性为主体的准公共领域；按照分税制财政体制，地方政府的投融资一般局限于属于地方事权的公共经济领域。但如果从财政资金的金融化属性来讲，只要能带来资金增值、并不影响财政资金使用效率的领域，都应该归属为政府投融资领域。

举例讲，目前我国的政府行政事业单位的办公用房，基本上都属于“行政用地”，属于政府公共资产。即使有多余的用房出租，也属于非转经，要上交财政。在这样的体制下，政府办公大楼和一些事业单位的办公用房越来越豪华，已经成为地方政府管理中的“一道风景线”，这不仅影响了财政成本，在一定程度上还影响了党群关系。

在现有体制下，要解决楼堂馆所的建设问题，唯一的办法，就是通过行政手段搞几不准，同时，在预算资金上不予安排。但在目前公共部门（政府、事业单位、非政府组织等）资金来源多渠道、各类部门“混合经济”（政府与事业单位、非政府组织混岗、混合办公）的情况下，这些措施是根本解决不了问题的。这几年中央下了这么多的类似文件，这一问题仍是越演越烈，就是典型的证明。

因此，要化解这一问题，还得从财政的资金属性入手。

在政府投融资创新模式下，行政事业单位的办公大楼，将视同一般的写字楼，进行绩效化管理。除了必须体现政府形象的“政府大楼”外，其他政府部门、事业单位、非政府组织的办公大楼，均按照商务化办公楼的价值，进行价值评估，并将这些办公大楼的性质从“政府用地”、“政府用房”转化为“商业用地”、“商业用房”。在此基础上，由政府的资产管理部门（一般归市政府的机关服务中心）按照市场化的价格，向事业单位、政府部门和非政府组织收取租金。再通过预算的再分配，按照“三定方案”确定的编制和配房标准，分配办公用房租金指标。通过这样的办法，在不增加财政支出压力的情况下，可以较好地解决长期以来政府部门办公楼超标和人员超编的问题：假设某事业单位目前使用的办公楼达到了五星级的标准，且人员超编 100 人。而财政则仅仅按三星级的标准，下达租房指标。那么，该单位完全可以通过将原办公楼整体出租的办法，改住到三星级、甚至三星标准以下的办公楼，用现有人员的办公楼租金，解决超编人员的办公用房问题。

通过这一办法的另一个好处是，把这些公共部门的办公用房（扣除体现政府形象而必须保留的政府大楼）进行商业化管理，还可以使这些政府资产证券化，通过金融租赁、信托等金融工具，使这些资产成为政府投融资中重要的融资手段。

再举一个例子，以税收收入为主要来源的财政资金，其基本的运行规律是：定期征收（纳税期）、分批使用（按预算进度分次拨款），因此，在财政资金管理中，都存在着一个财政性资金的存款问题。现行财经制度规定，财政性资金存款分为国库存款和其他财政存款，其中国库存款是不计利息的。但在实际操作中，财政性资金在各商业银行的存款往往按同期存款利率计息，而这部分利息收入的核算管理又极不规范，有的还形成管理盲区。审计署在预算执行审计中发现，某市财政局的基本建设资金管理部门共取得预算资金存款利息 131.4 万元。除在审计部门再三督促下缴入国库 34 万元外，已自行开支 87.6 万元，主要是用于支付各县市财政部门业务费、弥补部分往来单位及科室自身经费不足等，使这部分资金游离于预算管理之外。

财政性存款，已经成为各大金融机构拉存款的主要对象，财政部门作为金融机构视角中的“存款大户”，却对财政收支的时间差可能产生的效益没有纳入财政资金管理的范围。而金融管理的核心，就是充分利用资金的时间差来取得利润。因此，在政府投融资创新模式下，这种稳定的财政资金的时间差，将成为财政投融资管理的重要内容，纳入财政管理的范围。

由此，可以形成两种金融化管理的业务模式：一是“贴现式”的金融租赁业务模式：假设某市财政每年安排2000万元资金，用于公交车的更新补贴。则金融租赁机构可以以此为基础，向公交集团出租1亿元的新公交车，公交集团以财政补贴2000万元还本、自身的经营收益还息，分五年来归还金融租赁机构的租金，从而提前实现公共服务的目标。二是“分售式”的基金管理模式：假设某市的财政性存款为10亿元，其中，稳定的财政库底存款为1亿元，临时性的财政性存款月末余额一般在3亿元左右，该市成立了农业产业投资基金。按照财政资金金融化管理的原则，上述财政性存款可以采取如下方式，认购该产业基金：以1亿元的库底存款，购买一年期以上的基金，临时性的财政存款，则可以购买几十天的基金。由于农业产业投资基金中，政府属于实际控制人，因此，在整个运行过程中，基金投资可以完全控制，确保地方财政用上述财政性存款购买的基金能够按照财政支出的需要及时回归到财政部门，确保财政支出的需要。同时，通过这种购买，可以在提高财政性存款收益的同时，通过基金运行，把这部分资金用于政府支持的领域。

当然，上述两个财政资金金融化管理的方案，与目前的财政管理体制，是存在着一定矛盾的。典型的如：现有的政策规定，公益性的房产（行政事业单位的房产、义务制教育机构的房产、公立医院等）都不得用金融租赁手段来开展融资活动。这种制度设计，是建立在一旦出现风险，金融机构很难处置这些公益性资产，从而影响政府向社会提供公共产品和服务。但在金融化管理的背景下，用金融租赁来对这些公益性房产进行证券化的处理，不仅不会出现这些问题，反而能够提高政府供给公共产品的能力。

因此，在充分利用财政的资金属性基础上，充分通过金融化管理所形成的政府投融资创新模式，在投融资范围上，包括了全部的财政性资金和财政性的资源（国有资产、国有资源）。而要实现这一目标，需要一定的制度创新和对现有政策的改革完善。

当然，要在纯公共产品领域进行金融化的财政资金管理，还会面临着很多政策障碍，因此，在具体实施这一创新模式时，可以先从比较接近市场化的准公共产品领域入手进行试点，在试点完成基础上，再循序推进。

（二）基金管理公司替代投融资平台成为政府投融资主体

以目前政府投融资平台为主体开展政府投融资活动，已经证明有着巨大的风险。从发展的角度看，只有把这些政府投融资主体真正的企业化，才能从根本上化解目前存在的矛盾。但一旦这些政府投融资平台形成标准化的企业治理结构，那么，它也很难履行政府投融资的职能。因此，在政府投融资创新模式下，政府的投融资主体将由金融化的基金管理公司来承担，从而真正把政府投融资的任务，回归到专职的金融部门。

按照我国现有的法律法规，基金可以分为政府基金（典型的如财政部管理的 33 类政府基金）、公益性基金（如慈善基金）、产业投资基金（如文化发展基金）、证券投资基金（如银河投资基金）。目前，政府性基金直接由财政部门管理，公益性基金主要由事业单位或由纳入财政供给范围的非政府组织管理，产业投资基金和证券投资基金实现公司化管理。

尽管上述各类基金在管理主体不同，基金投资的目标不同，但基金设立后的目标是一致的，即通过基金的运行，实现基金投入产出的最大化。因此，按照财政资金金融化管理的思路，上述基金，均可以通过公司化的基金管理公司来进行管理。地方政府完全可以通过成立基金管理公司，把具有财政职能的政府基金、公益性基金、产业投资基金集中起来，按照各项基金的投资目标，采取金融化的管理方式，向金融机构、社会公众募集基金资金，并按照基金投资委员会的要求，进行基金投资，从而解决政府资金不足的问题。

因此，用基金管理公司取代现有的政府投融资平台，一方面可以确保现有政府投融资平台改革向企业化方向发展，另一方面，可以真正实现财政资金的金融化管理，使公共经济的投融资也能像实体经济的投融资一样，真正按照市场经济的要求来推进，从而使财政管理真正与市场经济接轨。如：

对政府性基金（如财政部门直管的散装水泥专项基金），目前主要采取类似政府收费的办法，向袋装水泥生产企业（包括水泥粉磨站）和使用单位按照一定的标准征收（袋装水泥生产企业每吨最高不超过 1 元，袋装水泥使用单位每吨最高不超过 3 元）的方式，来筹集基金资金，同时，按照财政专项资金申请的程序，由资金使用单位按程序向基金管理部门申请，经基金管理部门审核后，再报财政部门审批。这种行政式的管理模式下，政府性基金纯粹属于财政收入的一种方式，难以达到“基金”的目标。在财政资金金融化管理的模式下，利用基金管理公司，散装水泥专项基金不仅可以继续保留现有的“政府收费式”的筹集方式，而且，还可以通过引入金融机构的配套资金，来提升袋装水泥企业的技改能力，可以通过让社会资金认购的方式，形成推进散装水泥的资金力量；可以通过捐赠等方式，引导更多的散装水泥相关领域的企业和个人，支持散装水泥的推广。同时，在资金使用上，也可以摆脱现有的行政化管理存在的问题，严格按照基金投资的模式，以社会效益和经济效益双盈为目标，选择基金的投资方式，来提高该专项基金的使用效率。

公益性基金同样可以通过基金管理公司来提高基金的筹资和投资能力。以扶贫基金为例，作为国家最重要的支持弱势群体生存与发展的专项公益性基金，目前国家扶贫基金的主要来源，仍然是财政投资和社会捐赠，金融机构、社会资金等都很难通过扶贫基金这一平台，履行其社会责任。同时，现有的扶贫基金管理模式，由于采取的是行政化式的申请方式，因此，其很难实现从输血型扶贫到造血型扶贫的转型，在引进国际上比较成功的参与式扶贫等模式上，更存在着较大的制度障碍。通过基金管理公司的方式来对扶贫基金进行管理，不仅可以使扶贫基金成为政府扶贫弱势群体的国家意志基金，同时，也可以利用基金投资的模式，对扶贫项目进行企业化的管理，真正使扶贫成为一个产业，并通过这一产业的预期收益，来向金融机构和社会公众募集资金，提高扶贫基金的资金规模，更好地提升扶贫基金的宏观调控功能。

如果说在政府性基金、公益性基金引入基金管理公司过程中，主要的功能是强化基金投资的企业化管理能力外，那么，在产业投资基金中引入基金管理公司，则可以较好地化解当前的地方政府债务问题。目前，政府投融资平台开展的融资活动，主要是针对公共经济发展中所需要的某些专项项目来开展的。引入产业投资基金的概念，把这些专项项目的投资需求，转化为某项产业投资的基金目标，从而使原政府投融资平台的融资功能细化为若干基金化的融资需求，分别成立若干专项的产业投资基金，可以使政府的债务需求，直接转化为基金投资需求，从而从根本上消除了再通过举债的方式来解决地方建设公共经济资金不足的问题。再在此基础上，通过基金管理公司的有效运作，用金融工具来开展筹资和投资活动，最终实现政府的债务投资转化为基金的股权投资，从而最终消灭了未来公共经济发展中政府的举债问题。

目前，政府投融资平台中最大的举债，就是土地储备融资。这既是地方政府“土地财政”的基础，也是政府举债的核心内容。以此为基础，地方政府完全可以建立起一个“土地储备基金”，以土地储备后的增值为还款来源，通过基金管理公司的运行，来筹集土地储备资金，并用基金投资的方式，引导相关产业合理利用土地。这种转型，不仅可以实现财政投融资过程中的金融化管理，同时，更重要的是可以回避目前各地投融资平台在土地融资上普遍存在的“一女多嫁”问题，有效防范财政债务风险。

（三）金融租赁将成为政府投融资的重要手段

如果说，用基金管理公司替代现有的政府投融资平台，其主要的作用，是通过金融化的管理方式，解决政府建设公共经济的资金来源问题，同时，并为公共经济的市场化、公司化运行奠定制度基础，那么，引入金融租赁公司，将在政府投资公共经济领域中，强化其投资能力的一种重要手段。

基金与其他金融工具一样，其重要的经营对象，是资金；其主要的投资方式，是股权或债权投资。因为是以资金为主体，因此，如果运行得不好，很容易使基金管理公司成为类信贷管理，形成新的“影子银行”，并进一步引发次贷危机。因此，要使政府投融资创新模式从根本上解决政府在公共经济领域的债务问题，还必须引进一个以资产管理为主营业务的金融工具，通过资产管理，来强化基金的资金管理，并通过资金的股权或债权，加上资产的物权，形成双重的风险管理机制，来确保政府投融资创新模式的可持续运行。而在现有的金融工具中，最适合应用到公共经济领域的，就是金融租赁。

金融租赁从产生起，就一直活跃在生产性和消费性领域，目前已经成为仅次于信贷、资本市场的第三大金融工具。这一金融工具的核心，是通过对资产的证券化（用回购租赁方式盘活现有资产）或提高高新科技资产的推广（用直租的方式，加快企业的技术改造步伐，提升居民的生活质量），来推进产业的转型升级，提高居民的生活水平。在金融租赁活动中，物权是它最核心的取得收益、保障风险的工具，通过资产本身的保值增值，来确保投资的风险和收益的匹配。

通过三十多年的改革开放，特别是通过几年来大量的政府举债，地方政府在形成巨额政府负债的同时，也积累了巨额的政府资产。如何通过把这些资产证券化，盘活存量，为进一步提高公共经济的发展能力服务，最有效的方式就是金融租赁。

举例讲，为了实现城乡公共产品的均等化供给，需要把城市的供水系统向农村延伸。利用金融租赁工具，通过回购租赁方式，盘活城市供水系统的现有资产，由此形成的资金，再用于农村供水管网的建设，并用城乡居民的水费作为租金来源，可以直接解决这一公共需求。

因此，在基金管理公司为政府投融资平台、盘活地方政府的财政性资金的基础上，金融租赁公司作为物权的管理者、盘活地方政府的财政性资产，通过上述两个平台的有机组合，可以形成较比较完整的政府投融资创新模式的操作平台。

（四）形成新型的政府投融资管理体系

由基金管理公司、金融租赁公司替代原来的政府投融资平台，促政府投融资平台改制为真正的企业，成为承担公共经济运行的主体。在此基础上，形成新型的政府投融资管理体系。

首先，由地方政府的国资委或地方财政投资公司作为第一发起人，基金、金融租赁公司等非银行金融机构为主要股东，与专业基金管理团队联合成立建立基金管理公司，承接起政府投融资的管理责任。其中：作为第一发起人，派出相关的人员，在基金管理公司中履行好财政资金管理的职责，非银行金融机构，承担着财政资金金融化管理的责任；相关的基金专业管理团队，承担起资金的具体操作工作。

其次，以此基金管理公司为基础，按照地方公共经济发展的要求，发起设立相应产业投资基金，并与相关金融租赁企业等形成战略合作伙伴关系，共同为地方支柱产业发展提供投融资整体解决方案。其中：

地方财政将原拟用于政策补贴或直接项目投资的相应资金投入产业投资基金作为引导，通过产业投资基金的专业化运作，吸引其他金融资本与社会资本进入。

对于不违反金融租赁政策的项目，则由相关金融租赁企业通过市场化途径取得项目主体资格，再由产业投资基金进行项目投资，项目完成后由地方政府租赁使用，以进一步减小地方政府当期支付压力，为地方财政能力复苏赢得时间。同时，通过基金的股权管理和金融租赁的物权管理，降低项目风险，提高项目的偿债能力。

第三，在这样的管理体制下，政府对公共经济的投入，将从原来的用行政手段，转向经济手段，从原来的财政拨款、补贴等财政工具，转化为财政工具与基金、金融租赁等金融工具相结合的方式，改变财政资金的支出方式，通过金融化的手段，提高财政支出的管理能力。

第四，通过对公共经济管理和经营部门的企业化改造，使包括政府投融资平台、大部分事业单位、非政府组织等，按照企业化的要求进行治理结构的调整。通过调整，财政对该项事业的补贴或直接拨款，将作为这类公共企业的收入来源之一处理，其整个经营的过程，严格按企业的要求推进，从而使这些单位真正按市场经济的要求运行，在政府的支持下，走向市场。

第五，改变财政资金无偿使用的习惯心理，实现财政资金使用的绩效化。无论是采取财政直接拨款，还是财政通过基金投资、金融租赁等方式进行投资，财政资金的使用人，最终必须要形成能够计算的资金使用收益，并以此计算财政资金使用绩效，作为下一步财政支出的依据。与私人领域不同，财政资金的使用绩效，既可表现为以资金收益率为核心的经济效益，也可表现为以人民满意度为核心的社会效益。但不管哪个效益指标，最终都是可以计算、并作为下一期投资的依据的。

通过上述第四、第五步的改革，可以使各预算管理单位从根本上引进企业化管理的理念，按照公司治理结构的要求，进行管理体制的改革，从而实现政府行政管理体制改革的目标。同时，通过这种改革，可以真正把财政对公共经济的投入，按照一般投资资金的管理办法进行管理，从而真正体现财政的资金管理属性。

最后，利用这一模式，推进财政资金的金融化管理，真正按照市场经济的客观要求，对财政管理体制进行改造，充分发挥财政的资金属性，使这一地方中最大的“资金人”在金融、产业、社会事业发展等方面，都能发挥出最大的作用。从而走出目前就财政论财政的怪圈，真正实现财政管理体制的改革。

（五）通过“债转股”、“债转租”化解现有政府债务

在上述新的政府投融资管理体制下，现有的政府债务管理体制、政府投融资

管理体制等，都将融入到财政资金的管理体制之中。同时，财政支出的方式，也从原来纯粹的财政方式（财政预算安排、财政补贴、税式支出等），转化为财政工具与金融工具的结合。在这样的管理体制下，财政收入来源中，除了中央财政转借给地方的世行亚行债务、国债转贷资金外，地方政府将不再出现债务类的收入。财政支出中，除了现有的财政支出方式外，基金投资、金融租赁的租金支出等金融支出方式，也将成为财政支出的重要方式。同时，最为重要的是：通过这种改革，财政管理体制中，不仅仅只管财政收入、财政支出，财政收支管理中所形成的政府资产，也将纳入到财政管理体制的范围之中，国有资产的物权、国有股权、国有债权等，都将成为财政管理的主要内容。

正是这样比较完整的财政管理体制，才可能对现有的地方政府债务通过金融化的手段进行改革，使地方债通过“债转股”、“债转租”等方式，转化为政府对公共经济的投入。

从目前地方政府债务的结构来讲，大部分政府债务都是用于公共经济发展的，因此，其债务结构可以细化为一个个项目性的负债。而这种项目性的负债，在实现了公共经济的企业化经营后，可以直接将这些政府债务转化为政府对某一公共经济的股权投入。典型的如：地方政府在高速公路上的负债，占了较大的比例。这部分债务，可以通过债转股的形式，转化为高速公路经营公司的国有股，并通过派出国有股代表的方式，对这些高速公路经营公司的股权管理，来推进高速公路经营公司的公司治理结构的调整，从而在化解地方债务的同时，防止高速公路管理体制改革中，私人资本无偿占有公共资源的问题。

另外，在政府运行成本领域，政府债务大多是由于资金的结构性不足引起的。典型的如社会保障资金上的负债。现有的社会保障资金征缴率，是从社会总成本的角度通过测算后形成的，因此，按这个征缴率所形成的社会保障资金，在总量上是能够支撑我国社会保障支出的。但由于人口的结构性问题，当前社会保障资金的收入难以满足支出的需求，从而形成了地方政府的债务。在这种情况下，完全可以通过金融租赁的方式，通过“贴现式”的租赁模式，用社会保障的相关财政性资产作为租赁物，以未来的社会保障资金作为归还当前社会保障不足的来源，通过这种“债转租”的方式，来化解当前的社会保障债务问题。

（六）通过基金投资、金融租赁解决公共经济发展的需求

这种化解当前地方政府债务的方式，同样可以应用到未来公共经济的投资中。我国社会经济转型升级对公共经济的发展提出了更高的要求，未来的公共投入将会呈持续增长趋势。因此，如果不进行政府投融资方式的改革，地方债务将进一步增长。通过这种创新型的政府投融资管理模式，将实体经济的投资方式移植到公共经济领域，采取产业基金引导、金融租赁参与的方式，用股权投资、物权经营的方式来替代政府的举债，可以确保在未来公共经济的发展中，不再出现新的政府债务。

（七）总量控制、结构优化，确保公共经济与实体经济的和谐发展

把财政部门作为地方最大的“资金拥有者”，通过金融化的手段管理财政资金，用产业基金加金融租赁替代现有的政府投融资平台，形成创新型的政府投融资模式，可以极大地提高财政资金的效率与效益，提升财政的宏观调控能力。但这种创新型的政府投融资体制，也容易产生财政资金金融化的趋势，混淆财政资金与金融资金之间的差异，在一定程度上，会助长地方政府发展公共经济的动机，从而造成另外一种表现方式的政府过度投资。

为了解决这一问题，在政府投融资创新模式中，强调了一个总量控制与结构优化的概念。

首先，从公共经济与实体经济和谐发展的角度，来确定公共经济的投资总量。公共经济是为实体经济的发展服务的，公共经济的投资总额，需要在满足公共产品均等化供给的基础上，根据区域经济发展的要求来配置。根据这一基本原则，公共经济的投资总额，将由如下两部分组成：一是按中央政府对地方的财力性转移支付标准，确定基本的、均等化的公共产品服务投资量；二是按照区域经济发展中主体产业的发展需求，进行必要的公共资源配置，由此来形成地方特色的公共经济体系，并由此计算出公共经济的投资总额。

在确定公共经济的投资总量后，扣除地方政府通过中央对地方的转移支付、自身地方财政收入等所形成的可用财力后，剩下部分就是地方政府投融资的总体规模。而这一规模，最终体现为基金管理公司所管辖的基金融资总量。

通过这种方式，可以较好地解决财政资金金融化管理后可能出现的地方政府

融资动机的增长，确保地方政府对公共经济的投资，控制在适度的范围之内。

其次，优化政府投融资的结构。在前面的分析中我们已经提出，需要按照“有所为有所不为”的原则，对财政资金进行分类管理，“严控政府运行成本、大力发展公共经济、适度引导实体经济”。因此，在总量控制的前提下，需要按照行政运行成本、公共经济、实体经济三个领域，配置必要的财政工具与金融工具，使政府对这三个领域的投资符合各自的特点。

五、政府投融资创新模式的示范

以“产业基金+金融租赁”为主体的政府投融资创新模式，把政府投融资的范围扩大到整个财政领域，通过财政资金的金融化管理，使政府投融资管理融入到财政管理体制中。按照这一模式，可以使我国新一轮的财政管理体制更好地符合新形势发展的需要，更好地助推我国经济的转型升级，并通过这种改革，实现财政管理的转型。但不可否认，这一模式所提出的一些建议，与现行的财政管理体制和相关政策，存在着一定的矛盾。要真正全面实施这一模式，必须通过顶层设计，逐步推进。

因此，在现阶段，需要在现有的财政管理体制框架下，不破坏地方政府现有的投融资格局，不改变现有的财政政策和制度的前提下，选择若干典型地区，通过对该地区社会经济发展规划的分析，确定该地区公共经济的某一领域，或财政对实体经济的引导资金，作为政府投融资创新模式的示范点，通过示范形成对财政资金的金融化管理体系，化解地方政府在公共经济领域和引导实体经济资金上的债务，推进政府投融资体系的改革。

在政府引导产业的资金领域，和政府在公共经济领域的投资作为示范对象，把上述政府投融资的创新模式应用到具体的财政管理中，可以产生如下几方面的效果。

（1）兼顾了地方政府对于经济结构转型升级与GDP持续增长的需求。在不破坏地方政府现有投资格局的前提下，为新的项目投资找到了一条脱离传统融资平台、以推动新兴产业发展为核心的区域经济发展之路。

（2）立足于区域经济和区域产业发展的投融资整体解决方案，将地方政府的财政资源、产业资源与金融机构的资金资源、业务资源以及社会范围的管理资源、资本资源有机整合起来，形成了共生共利的新机制。

在此模式下，参与各方都是赢家，基金管理公司获得基金管理费收入与基金投资收益分红，基金投资人获得基金投资收益，金融租赁公司获得稳定的业务与对应的资产租赁收益，基金合作银行获得稳定的低风险贷款业务与对应利息收入，地方政府获得资产、国家政策性资金投入、投资 GDP 以及税收收入。

（3）示范着眼于在维持既定 GDP 增速目标的前提下，最大幅度帮助地方政府降低当期财政负债（节流），为财政公共支出腾出资金，以有效缓解财政收入增速放缓与刚性支出持续加大的矛盾，并协助培育未来良好的财政能力。

在此模式下，地方政府不再简单以政府直接负债的方式获得资产，而是通过产业引导与项目包装，成功地将产业项目转变为资本，实现以产业项目规模空间换取当期投资时间的目标，同时赢得社会广泛资金投入，达到地区 GDP 与税收收入持续增长的目的。

（4）模式将财政投资资金引入产业投资基金，通过金融化与企业化，一方面增大了财政资金投资的透明度，另一方面为财政资金创造了盈利能力（开源），为财政公共支出可持续增长创造了条件。

（5）通过在公共经济的某一领域或政府引导产业资金领域的示范，可以把财政资金的金融化管理方式引入整个财政管理体系中，为新时间的财政管理体制改革提供经验，并通过这一模式的示范与推广，加快地方财政管理体制改革的进程。通过这种自下而上的改革，提高财政管理体制改革的有效性。

财政部财政科学研究所课题组

课题组成员： 贾　康　孔志峰　万寿琼　陈新平
高小萍　张超英　倪宝森　李　彬
何维达　马　驰　王国平　熊　军
徐艺泰　张晓冬

关于建立和规范地方政府举债融资机制的思考与政策建议

——兼析预算法修改过程中相关条款的修改

段 爱 群

一、地方政府举债融资机制的定义与政策界定

（一）定义

1. 举债融资。

政府融资举债是指根据预算安排，政府直接或者间接通过包括发债在内的系列举债方式，筹集既定用途的债务资金的融资的形式。举债不等于发债，举债是属概念，外延更宽，而发债是种概念，是举债的一种形式，即采取公开募集的方式举债融资；借债是与发债相对应另一个属概念，是采取非公开募集的方式举债融资。且作为政府债，既有融资举债的实有之债，如借 10 个亿，也有提供保证、承诺或者抵押担保形成或有之债。应该说或有之债也属于政府债的范围。

两者发债和借债的区别是：①发债，作为融资的公募形式，发行的对象是不特定对象，投资的项目属于公益性的预算项目，属于公共财政预算的范围，收支平衡和期限刚性更强；借债，作为举债融资的私募形式，发行的对象是机构等特定的对象，对应的是基金预算，收支平衡和期限具有弹性。②发债是基于支出责任的需求驱动；而借债则是基于可以产生收入流，可以在新的期限跨

度内在收入产生的增量的基础上实现收支平衡。地方政府规范性的举债融资机制应该是包括借债和发债两个类型、两个模式，且根据融资的需要和规范性要求，由地方政府依据政策法律规定，自主选择决定。

2. 举债融资机制。

是指为实现举债融资的功能和政策目标，，由法律政策规定的，体现地方政府举债融资及其增信安排的原理和治理结构及其相关主体间相互约束、相互制衡的规则、原理程序和方式的系列制度安排的总称。

（二）相关范畴的政策界定

地方政府的举债融资基于规划发展和收支平衡的预算安排有一定的规模限制，在规模内的举债，是适度的举债，有利于地方经济和社会的发展；但超越规模的举债则是过度举债，可能存在流动性亏损和权益亏损导致政府财政困难，或者影响财政安全。由于对地方政府举债融资的政策规定不明确，相关概念范畴存在着逻辑和政策法律上的误区，在此，作如下明确和界定：

第一，举债不等于发债，发债也不等于举债，预算法不允许地方政府发债，不等于不允许地方政府举债，允许地方政府举债不等于仅限于发债；

第二，预算法和担保法不允许地方政府提供保证，不等于不允许地方政府利用抵押物或质押物提供担保，保证承担的责任是无限连带责任，风险是敞口的；抵押或者质押仅仅是限于抵押物或者质押物的价值承担责任，风险是收敛的，责任是确定的；

第三，政策规定不能用公有财产为他人融资提供抵押或者质押，但为政府自己直接或间接融资应该不在政策禁止之列；

第四，既然是地方政府举债融资，则地方政府应该承担债的责任，不管是直接或者间接融资，作为政府的融资举债的主体，就应该有承担及时足额偿还的义务责任的政策法律安排。现实中的，融资平台与政府间就融资举债的偿还责任，主体不明确，政策和法律上都存在不确定性。

二、关于政府投资范围与举债融资模式的选择和政策规定问题

针对城市基础设施和社会民生类建设项目公共性强、外部性大、收益性低、回收期长，与商业银行的资金期限不匹配的特点，如何创新举债融资模式，根据保险资金期限长、规模大，对安全性、收益性有特殊要求，以及大部分基础设施项目现金流相对稳定、资金回收期限长，与保险资金要求较为匹配的特点，鼓励创新匹配两者需求特点的合作融资模式。如债权投资计划、项目支持计划或者名股实债等创新模式，通过将经营性项目和公益性项目有机组合，建立“动态平衡”的项目综合收益平衡机制，提升社会资金向公益性城市基础设施项目投资的积极性，为引导商业金融和社会资本进入创造条件。

（一）政府与市场的边界及其投资范围

1. 地方政府可以通过举债融资加强对公共产品和准公共产品的投资。

基于市场的决定性作用及其与政府间的界线和各自的角色定位，政府投资主要集中于：第一，政府应该提供的公共安全、卫生、医疗、教育、文化等“公共产品”等非竞争性的公益类项目；第二，包括基础设施类项目在内的有收费机制但回报率不高的“准公共产品”，如：地铁轨道交通等交通运输项目、保障性住房等保障性项目、自来水和污水处理等项目。

对政府应该通过公共预算资金来安排投资的上述两类项目的投资，地方政府既可通过公共预算中的资本支出和基金预算中的财政资金投资，又可以通过改革创新，通过建立和规范的地方政府举债融资机制通过融资举债进行投资。

对能够产生现金流的公益性项目，包括城市基础设施项目，基于其投入集中但回报周期较长，建设资金需求大，外部社会效益强但内部商业效益不高，以及地方政府事权和支出责任不完全匹配等实际情况，地方政府需要而且也应该采用举债融资的方式进行投资。

至于是直接融资或间接融资以及直接融资中采用何种方式融资举债，则应根据各地经济社会发展水平、区位禀赋、资源环境承载能力，地方政府债务规模、举债融资能力国民经济和社会发展目标和规划的实际情况，由地方政府根据政策

法律的相关规定，自主选择决定，，既可以通过举债的方式进行融资投入，也可以通过投融资体制的改革，引导和鼓励社会资金规范、有序的投入。在防范系统性金融风险的同时，促进政府对公共产品和准公共产品的投资。

2. 地方政府投资的退出与进入的良性循环机制与“以退养进”的地方政府的举债融资机制。

通过政企分开、政资分开、政事分开以及兼并收购的退出模式，实现地方政府职能转变，将主要精力集中在培育、引导和监管市场等方面。地方政府通过对国有产权抵押、质押和退出的方式，在退出竞争领域的同时，通过举债融资加强对于消费领域拓展和升级中的基础设施建设以及产业结构优化升级中的环保型、科技型、循环型产业的投资，通过地方政府的举债融资机制和投融资倾斜性的支持，促进新型产业的发展。

三、关于地方政府举债融资机制中的融资主体规范问题

地方政府举债融资的主体安排有两种模式多种类型。第一种模式就是用政府的名义直接举债，要么直接发债，要么直接融资。第二种模式则不以政府的名义进行，而是以政府委托的主体、成立的主体或者批准成立的主体等［以下统称为对称主体］间接模式进行，而在第二种模式中则又基于政府与举债主体间的关系不同又可以分为多种类型，但总的特点是形式与内容相分离，导致地方政府举债隐蔽，缺乏规模控制和监管，潜伏着财政风险。为有效避免政府过度融资举债，规范该类主体的任务是要将政府的融资平台与一般的融资主体区别开来，明确各自的举债条件程序、风险责任、目标任务及其各自的考核评价体系和报表体系，与衡量地方政府的风险承受能力，及举债融资的规模限制设置的指标要求体系直接挂钩对接，创立风险指标评级体系，在地方财政与融资主体之间设立“防火墙”，有力控制地方政府债务规模，强化融资主体与银行系统的风险约束意识。

（一）地方政府举债融资主体的规范

1. 以事业法人的形式设立的举债融资主体。

作为政府的融资平台，是受托为政府举债，或者受托为政府经营但相关收入

和收益归政府所有，相关债务风险由政府负责，融资举债应该纳入到政府的融资规模和预算管理体系范围，对融资平台的监管要求就是对该类主体受托为政府举债或经营的能力设计和安排相关的治理结构、内部控制和风险管理和相关考评统计和报告体系。目前这一模式做得比较好的是土地储备中心，应该说这一举债融资主体目前的影响最大，各方争议最小。

2. 以实业公司或者总公司的名义设立的举债融资主体。

为增强融资平台的融资能力和投资能力，地方政府通过整合政府财政资源和资产，将分散于各部门和领域的财政资金包括上级财政转移资金集中起来使用，将分散于各个部门、各个领域的融资平台分类整合，打造成几个具有规模效应的平台，每个平台都以实业公司或者总公司或者有限公司的名义出现。这类平台公司，一方面受地方政府委托，受托举债融资或者受托投资经营，如：上海城投，为政府提供政策性投融资服务，如保障性住房的建设等；另一方面，也基于自身的独立的市场主体地位，独立经营开展相关业务而自负盈亏。

目前这方面的法律误区是，政府平台要么是一个有限公司，要么是一个实业公司。对实业公司而言，公司法中没有明确规定其法律地位，缺乏必要的规范和调整；对有限责任公司而言，由于其受政府操作和控制，对其进行的融资举债不能及时足额偿付时，政府是否直接承担责任，是否受有限责任原则的限制，是否适用于公司法中的法人人格否认原则，也是缺乏明确的法律政策规定。因此，在政府在没有将该平台公司的举债纳入政府融资规模和预算范围，没有明确政府承担责任的条件下，政府是否最终负责偿还此债没有明确的法律规定，在审计上没有依据，在法律上存在误区。

因此，对上述作为融资平台主体在地方政府举债融资中的责任的有限与无限及地方政府在这一举债过程中的法律责任的明确规定，对在融资平台主体与政府财政间设立“防火墙”，实现融资平台主体受托业务与固有业务的分离，将受托举债纳入地方政府债务规模和预算管理范围，强化融资平台主体与包括银行在内的债权人的风险约束意识和机制具有重要的法律意义。

3. 作为非融资平台的融资主体。

为加快培育多元化的投融资主体，改革创新现有地方融资平台，政府通过注入资源、注入股权、赋予特许经营权等方式，充实地方政府融资平台的资本实力，使其发展成为治理规范、财务可持续、以企业信用为主要依托的市场化投资主体。

对这类作为独立市场主体的融资主体，对相关融资举债，是由该主体与政府间共同承担责任，则应根据对该类主体的出资和注入资产及其资本实力、以及治理架构、内部控制、风险管理、资金管理运用制度的水平和标准，并结合其市场主体的特点和承担的风险责任的实际情况，按照一定的条件，委托这类主体你举债融资或者受托经营。

对于非融资平台的融资主体，要逐步改变政企不分的格局，消除政府对该类融资主体的行政干预，真正将融资平台打造为市场化的企业，弱化该融资主体的政府信用，强化企业信用，地方政府在双方协议约定的范围内承担责任，切断了该类企业的债务风险最终转化为地方财政风险的扩散机制。

（二）创新地方政府 PPP 合作的投融资主体

对于政府事权范围内的准公共产品，要放宽准入，完善监管，制定非公有制企业进入特许经营领域的办法，拓宽市场化的融资渠道，引入金融主体间的竞争机制，创新政府投融资的新主体。

通过引导社会资本参与包括城市公用设施投资运营在内的政府准公共产品的投资经营，不仅为包括城镇化建设在内的相关经营性基础设施建设提供稳定可靠的资金来源，而且有助于提高公共服务质量和效率，降低财政风险。

（1）发挥财政预算中的资本项目投资及其基金预算投资中的政策性金融的引导作用，建议设立专门的城镇化投资引导基金和城镇化投资基金，大力推进基础设施资产证券化，推进基础设施领域的市场化、产业化运作；

（2）引导国企、民企、外资等各类市场化主体，通过 PPP（公私合营）、BOT（建设—经营—转让）、特许经营等商业模式，参与城市基础设施建设和运营；

（3）基于基金预算和社会保障预算，通过整合住房公积金和物业大修基金、医疗保险基金，将其转换为与市场接轨的正规基金，一方面作为政府的投融资主体，通过引入社会资金进行产业投资，解决保障性住房、养老产业和高端医疗产业的投资。

（4）根据国有资本金的预算，设立新兴产业投资引导基金，对于新兴产业领域或者产业结构转型升级的产业稳定和增长与转型和发展领域，通过股权合作投资的方式，吸引社会资金投资，这样既可以不直接参与市场竞争，又利用经济、法律等手段适度调控和引导市场、合理合规地参与市场经济活动。

（三）创新和培育地方政府举债融资的增信主体

对于政府通过信用贷款等方式的直接或间接融资，按照金融监管部门的要求，举债人需要提供信用保证或者担保，担保主体的欠缺，是地方政府举债融资机制中的一个重要环节。因此，建议从未来新增加的一般预算收入、国有土地出让收入和其他政府性基金收入中提取一定比例，建立覆盖市政债等政府性债务的风险偿债基金，并利用该偿债基金建立包括提供担保在内的增信保障体系，一方面防范地方政府债务局部、突发的流动性风险，另一方面，通过提供保证，满足金融监管的要求，维护包括投资款项在内的债权投资人的利益，稳定金融机构和债券投资者的市场预期。

四、地方政府投资范围内的项目客体与融资模式

地方政府相关融资模式的创新一般应结合地方政府举债融资的项目的特点设计相应的交易结构和交易流程，而且在设计交易结构时应该把握好如下关系：①预算与规划的关系。②融资规模全额与差额的关系。③短期与长期的关系。要处理好现任政府和继任政府的关系。地方政府通过规范一定规模的融资有利于促进经济的发展，但是过度举债和低效率的投资则可能增加财政风险。④融资规模和项目本身现金流的关系，项目本身产生的内源性现金流量与融资的现金流出量在期限和数额上是否匹配，项目本身能否实现收支平衡。

地方政府的举债融资一般可以分为三种模式：第一，资产（资源）融资；第二，权益性融资；第三，信用保证类融资。资产（资源）性融资是各级地方政府利用政府所掌握的资产和公共资源筹措资金，包括有形资产（资源）融资（如项目融资与土地融资）和无形资产（资源）融资（如特许经营权融资）；权益性融资是政府性投资公司（政府融资平台）在资本市场上发行股票进行融资或其他自筹资金。

（一）资源型融资项目

1. 项目融资。

第一，增量型的 BOT/BOO、BOOT 等。

其特点是以项目本身的资产、项目建成后的预期收益（现金流）或权益作为还款保证抵押，来取得无追索权（无第三方提供担保）或有限追索权（第三方提供担保）的融资或贷款，它不需要以投资者的信用或有形资产作为担保，也不需要政府部门的还款承诺，贷款的发放对象是专门为项目融资和经营而成立的项目公司。

它是私营机构（民营经济）参与公共基础设施项目建设、向社会提供公共服务，并以项目的未来收益或资产转让价值收回私营机构的投资成本与合理利润，从而达到政府为该公共基础设施项目建设的融资目的。

在项目融资中，用来保证贷款偿还的主要来源被限制在被融资的项目本身的经济效益中。项目融资方式主要适用于收费公路、发电厂、铁路、废水处理设施和城市地铁等基础设施项目。

第二，存量型的 ABS 等。

融资创新不是仅仅只在为新增资产进行融资方面，更多地应该整合和盘活存量资产，利用基础设施资产证券化进行存量资产的融资创新。基础设施资产证券化（ABS）融资就是以经营性基础设施项目所属资产的收费权为支撑、通过发行证券进行证券化融资的一种方式。大量基础设施如收费高速公路、污水处理厂等存量资产具有稳定的现金收入流（包括收费与政府财政补贴），对于这类资产，可通过基础设施资产证券化（即 ABS）方式，将流动性较差的基础设施存量资产变现、盘活，从而为新的基础设施建设融资。ABS 融资方式有其独特的优势，是 20 世纪 70 年代以来国际资本市场上最重要的融资创新，实际上我国也已经在 ABS 融资方面进行了尝试，如 1996 年珠海高速公路有限公司以当地机动车的管理费及外地过境机动车所缴纳的过路费作为支持，发行总额为 2 亿美元的债券，筹集资金用于广珠铁路及高速公路建设。

2. 土地储备开发融资。

在国内外都是一种常见的融资方式。尤其是在我国，土地是政府重要的资源和资产，土地融资成为当前地方政府在缺乏正规融资渠道情况下最主要的融资方式。当前土地融资的主要问题是在没有正规融资渠道下对其过度依赖，并且融资行为、资金使用没有受到严格监管，未来创新重点是土地融资的制度建设、规范。

（二）权益型融资——股权融资

包括上市融资和非上市股权融资。股权上市融资目前在国内比较常见，一些以水务、交通等为基础的交通投资公司、城投公司都通过股票上市进行融资，如上海城投控股（“原水股份”）就是以城市水务和污水处理基础设施建设融资的典型。非上市股权融资主要是政府通过公私合作（合营）的方式、转让部分基础设施和市政公用企业的股权给民营资本或外国资本以达到融资目的。目前我国非上市股权融资主要是以外国资本为主要合作对象，尤其是在水务领域形成了许多外资控股的城市水务企业，而国内民营资本目前还较少参与。

（三）政府信用作保证的融资举债

地方政府通过组建政府性投融资平台作为融资举债主体向银行等金融机构融资，为政府投资项目融资，并以财政担保作为还款承诺。发行地方政府债券则以地方政府信用为担保，不受项目收益性高低的限制。投资者是否愿意购买地方政府发行的债券完全取决于地方政府的未来偿还能力和信用，也构成对地方政府的发债行为的监管、约束机制。

五、地方政府举债融资与公共预算和基金预算收支平衡的关系及其相关指标体系设计要求

以收定支和收支平衡的预算原则，既反映地方政府财政状况及其融资条件，也是具体融资项目能否融资及列入哪一种预算的类型进行融资的衡量标准和政策法律依据。

（一）收支平衡不等于收支平等

收支平衡不一定是收入等于支出，两者可以保持一定的流动平衡，即按一定的比例变化。收入和支出相等是指收入完全等于支出。预算法规定，基金预算

中，编制政府融资项目的支出预算应严格遵循“以收定支、收支平衡”的原则，则意味着可以通过对未来现金流量和财政收入的增量的安排，达到收支平衡，而这一增量的产生，则是以符合举债融资条件的安排和投入为前提条件，依法合规安排，这就是地方政府举债融资具有内在驱动力的逻辑起点。

（二）自求平衡与融资项目的收支两条线管理

1. 自求平衡。

作为基金预算，根据财政部《关于政府性基金预算管理办法》第 1 条第 1 款：“纳入预算管理的政府性基金管理总原则是：基金全额纳入预算管理，实行收支两条线，收入全额上缴国库，先收后支，专款专用，在预算上单独编列，自求平衡，结余结转下年继续适用”。

2. 收支两条线管理。

根据上述办法第 4 条第 2 款：基金的支出本着“先收后支”的原则办理。财政部门办理各项基金支出的拨付，应根据核定的支出预算及基金收入入库的进度办理，并应保证用款单位的用款需要。部门和单位使用基金时，应严格按资金渠道，在规定的开支范围与开支标准内使用，不得与单位其他资金和正常经费混淆，也不得擅自改变支出用途。收入全部缴入地方国库，支出一律通过地方基金预算从相关项目的基金预算收入中予以安排，实行彻底的“收支两条线”管理。

（三）“两条线”管理中的“将来的收定将来的支”

政府融资项目支出属于资本性支出，区别于经常性支出。作为资本性支出，项目直接支出可以带来收入，且收入的水平一般都高于支出的水平，即边际成本大于边际收益。因此，在基金预算的范围内，将来的收定将来的支，运用物权法中的应收账款质押的方式，来进行项目融资，是地方政府举债融资及其预算安排的内在逻辑及其政策法律依据。

（四）基金预算收支平衡依赖于一般预算收支平衡，因此一般预算是否满足下列条件，能否收支平衡既是基金预算的前提条件，也是衡量相关融资项目能否举债融资的充分必要条件

基金预算的自求平衡取决于一般预算的收支平衡及其对基金预算平衡的支持

和支撑。而一般预算收支能否平衡及其财政状况如何，取决于如下几个指标的衡量：

（1）刚性支出比例 = 刚性支出 ÷ 可支配收入 = （经常性支出 + 最低水平资本性支出） ÷ 可支配财政收入①；

（2）收入支出增速比 = 可支配财政收入增速 ÷ 经常性支出的增速；

在进行一般预算的财政状况评价时，刚性支出的比例越小，则表明地方政府财政支配能力越强，可用于偿债的资金余地越大；收入支出增速比大于1，说明政府的资金管理注重量入为出，预算管理约束能力较强；连续数年大于1，表明财政状况有不断改善的趋势。

（五）一般财政预算能否支撑基金预算收支平衡可供判断的几个主要的评价指标

（1）债务比 = 债务总额 ÷ 当年的 GDP，一般 15% 为警戒线；

（2）负债率 = 债务总额 ÷ 当年可支配财政收入，一般以 1 为警戒线；

（3）偿债率 = 当年还本付息额 ÷ 当年可支配财政收入，以 10% 为警戒线；

（4）债务依存度 = 当年新增债务额 ÷ 财政支出，一般以 20% 为警戒线。

当一个政府的财政状况的上述指标在合理的取值范围时，则表明其财政状况属于正常范围，不会挤压和干扰基金预算的收支平衡。

（六）建立基金预算与公共预算和国有资本金预算间的相互平衡和补充的机制及其原则

在基金预算能够收支平衡的基础上，怎样利用基金预算中举债融资支出产生跨期的收入增量，及其在公共预算的财税收入中的增量，建立对基金预算中前期融资举债包括增信安排和流动性支持的相关补充支持和交叉支付机制；怎样利用国有资本金预算以及国有企业资本金在产业结构优化调整中的退出和进入转换机制，建立对前期基金预算范围内举债融资的补充支持机制。在预算法中对各类型财政预算的收支平衡及其相互间的补充制衡机制作出规定，有利于优化财政资源

① 可支持配财政收入 = 一般预算收入 + 转移支付净收入 + 预算外经常性收入 × 15% + 当年土地转让净收益。

配置，优化和降低敌方政府举债融资的财务成本，提高地方政府相关投资和融资的效率和效益。

六、地方政府举债融资机制的架构体系与政策框架

综上所述，笔者认为建立和规范地方政府的举债融资机制，应该包括如下内容：

（一）应建立与举债融资机制相配套的制度体系

地方政府举债融资机制应该包括分别就借债与发债两个模式制定的相关机制及其相关配套制度体系：

（1）要建立一套行之有效的债务负担管理机制。设置一系列指标衡量其负债能力，包括地方政府负债率、债务率、债务依存度、债务增长率等一系列监控指标，制订相应法律法规。有条件的地方还应设置准备金制度，衡量偿债准备金率。

（2）提高地方债务的透明度。强化本级人大监督和群众的社会监督，建立完备、透明的地方政府债务信息披露制度，定期披露显性债务、隐性债务、或有债务等情况。

（3）严格约束融资主体的债务。地方政府融资主体应以自己所拥有的国有资产为限，建立与地方财政之间的“防火墙”，依靠自身的机构信用开展业务，作为一个市场主体规范运作，严格执行资产负债率等限制指标。同时，融资主体应当适时披露资本金状况、负债规模、承担建设项目情况、项目贷款情况、项目担保情况以及贷款资金使用情况等。

（4）就地方政府融资举债建立统一的市场评级体系，探索编制完整的政府资产负债表，为基础设施建设提供长期、稳定的资金来源。

（5）根据国民经济社会发展规划，按照控总量、可持续的原则，制订融资规划，统筹考虑各地发展条件、政府负债、资金供给等因素，设立地方政府动态的、包括市政债在内的全口径举债融资最高规模限制，防范地方政府过度举债。

（6）建立基金预算与融资规模及公共预算中的资本项目预算的内在联动机制和制衡机制，按照以收定支，收支平衡的原则，安排相关的融资。

（7）建立地方政府性债务动态监控体系，同时针对基础设施建设“一次建成、长期使用”的资本性支出特点，逐步建立包括跨年度资本预算在内的财政预算制度，着力提高地方政府债务透明度。

（二）地方政府举债融资应该满足的条件

地方政府采用借债等私募形式举债融资应该同时具备下列基本条件：

前一个财政年度增长年均的财税收益应当不少于举债一年的利息；

前一个财政年度的利息支付符合举债文件的规定及其相关政府部门的有关监管规定；

最近三年披露信息及其相关的财务报告事宜符合政策法律规定；

政府最近三年的预决算业已通过同一级和上级人大的表决通过，且符合政策法律规定；

包含举债融资的预算与国民经济社会发展规划业已通过同级和上一级人民代表大会的表决通过，预算和规划间的对称性和制衡性及其可行性和可靠性业已获得科学论证；

举借的资金应有明确用途，与其业务范围、经营规模相匹配，募集资金用途符合国家产业政策和有关环境保护、土地管理等法律和行政法规的规定；

举债的资金规模没有超过政府的融资规模且业已纳入同级政府的预算管理范围；

政府的预算投资安排合法合规，与相关规划一致，项目的投资、建设、运行的财务分析具有确定性和可靠性，项目投资建设和运行的内部控制的有效性应当不存在重大缺陷。

（三）地方政府发债（即公募举借）应该具备的条件

地方政府采用发债等公募形式举债融资，除应该满足上述借债（私募）条件外，还应该同时满足下列基本条件：

发行的条件和程序应该符合政策和法律的规定；

最近三个财政年度增长的财税收入应当连续存在预算结余；

应当在发债文件中规定以下事项，并且通过竞价的方式进行：采取固定利率；发债的用途与项目；期限；规模。

偿付资金来源的预先安排及其前瞻性和可靠性符合相关政策文件的规定；

认购的对象及其资格条件确定和明确，且投资者具有投资的适当性。

（四）举债和发债的禁止性文件规定

存在下列情形之一的，地方政府既不得发债也不得举债：

举债融资文件有虚假记载、误导性陈述或重大遗漏或者举债融资的信息披露或透明度存在其他法律瑕疵；

信息披露或者统计错误被上级财政部门处罚；

最近十二个月内受到过上级政府或者中央财政处罚的；因举债融资涉嫌违法违规正被上一级政府或者中央财政立案调查；

存在严重的债务风险或损失且尚未被清偿或消除的；

因举债融资事宜业已发生相关诉讼、仲裁或者市场重大质疑或其他重大事项；

严重损害投资者合法权益和社会公共利益的其他情形。

七、结论和建议

综上所述，笔者认为，基于中国经济发展模式中地方政府投资的角色定位，以及地方政府事权和支出责任与财政收入的不匹配，在维护既有财政分配格局稳定的前提下，应该允许地方政府举债融资，并且要建立规范的地方政府举债融资机制，为此笔者建议：

（1）在本次预算法的修改过程中，应以建立规范的地方政府举债融资机制为逻辑起点，就各级政府的举债融资能力的识别判断、事权和支出责任确定的范围边界和依据，收支平衡基本原则的表现形式及其运用范围，地方政府性债务的预算管理，及其在政府综合财务报告制度中的安排等问题进行明确的规定，为建立和规范地方政府的融资举债机制的政策安排提供法律制度支持。

（2）在预算法的修改中，应明确规定在业已经本级人大和上一级人大批准的年度预算范围和融资规模内的地方政府举债融资不需要上级财政或者政府批准，但应及时备案；对于超过上述年度预算和融资规模的举债融资，应报上一级财政和政府批准应作为实施的前提条件。

（3）在预算法的修改中应该明确规定政府年度预算与跨年度预算规划间的关系，以及预算规划与国民经济和社会发展规划间的关系，避免预算和规划虚置和弱化，及其彼此间的无序和随意；明确举债的规模和预算平衡的关系，强化和建立预算的依据和刚性约束，特别是地方政府举债融资的条件和程序及其与公共预算、基金预算、国有企业资本金预算、社会保障预算各个类型预算收支平衡原则的理解和运用，以及不同预算类型间的平衡原则及其相互制衡关系进行明确的规定，为地方政府举债融资机制的规范提供政策法律依据。

（4）在预算法的修改中应就各级政府预算不能收支平衡或者不能及时偿付债务而需要的转移支付情形，以及出现流动性亏损或者法律风险时由地方政府承担责任的范围和法律边界，特别是是否允许地方政府破产及其破产清算时的重整程序等问题进行原则性的规定，为相关制度的政策完善提供法律依据。

（5）根据预算法的修改规定，修改《预算法实施细则》，就地方政府债务的类型、举债融资的模式、举债融资的主体和客体的规范进行明确的规定，包括融资主体与相关地方政府间融资举债关系的类型及其各自的法律风险责任边界和风险隔离机制等进行明确的规定，对包括抵押和保证等在内的地方政府或有之债的处理方式进行明确的规定，并清理与此不相适应的政策规定，为全面防范地方政府的债务风险提供政策法律支持。

（6）专门制定《地方政府举债融资管理办法》，就上述建立和规范地方政府举债融资机制的框架体系及其配套的制度体系进行明确的规定，同时对地方政府不同举债融资模式及其适用范围、条件和程序，特别是与政府投融资体制改革相配套的投融资结合方式下，地方政府举债融资问题，以及相关举债融资主体的选择与规范管理、相关资源客体模式的选择及其相关机制的安排，及其在政策法律口径的一致性问题、相关风险管控、信息披露和统计监管体系等进行明确的规定，对于规范和完善地方政府的举债融资机制问题具有重大的政策法律意义。

地方政府举债监管模式：国际经验与启示

陈新平　龙小燕　齐欣明

在过去的20多年中，财政分权改革渐成一种国际趋势，各国中央政府在向其地方政府让渡部分财权的同时，也将更多的支出责任转移至后者身上。因此，地方政府履行职责的政策措施是否恰当、地方经济运行状况是否健康，以及地方政府债务是否具有可持续性等，都对整个国家宏观经济的稳定发展具有越来越大的影响。财政分权虽使地方政府获得了更多的经济自主权，但却给中央政府平衡各级财政关系提出了严峻的挑战，更增加了监管地方政府举债行为的难度。为了应对地方政府融资过程普遍存在的过度举债、"道德风险"、"逆向选择"等问题，许多国家都制定了不同的监管体制。在国际上，地方政府举债监管分事前监管与事后监管两个重要组成部分，其中，事前监管又可分为四种主要的模式：行政控制模式、规则导向模式、协商合作模式、市场约束模式等。

一、国外地方政府举债监管模式

20世纪90年代后，许多国家开始允许其地方政府通过举债融资的方式筹集部分财力，以弥补公共投入的不足。为了控制地方政府的过度举债行为，避免债务危机的发生，各国中央政府在放权的同时，又采取了各种不同的措施对地方政府的举债过程进行监管。按时间顺序的不同，可将这些措施分为：事前监管（ex－ante regulations）和事后监管（ex－post regulations）。事前监管主要是从举债的目的、类型、规模及程序等方面，对地方政府的融资行为进行规范，防止地方债务风险的累积。事后监管主要是从危机处置的角度出发，对发生违约或破产的地方政府进行债务重组，帮助恢复财政平衡状态，保障公共服务职能的履行。其中，事前监管又可按照政府介入程度的不同分为：行政控制模式、规则导向模式、协商合作模式、市场约束模式①等。

（一）事前监管模式

1. 行政控制模式（Administrative constraints）。

行政控制模式是指中央政府对地方政府举债行为进行直接干预控制的监管方式。具体措施有：对地方政府的年度举债规模实施总额限制；对具体的举债事项进行核查和审批；由中央政府代理地方政府集中举债，再将筹集的资金转贷给后者；特批或禁止地方政府举借外债，等等。行政控制模式多由单一制国家采用。曾经或仍在采用该模式的主要国家有：英国、西班牙、丹麦、日本（2001—2005 年）②、韩国、爱尔兰，以及澳大利亚、墨西哥等。在英国，不同的地方政府，有不同的举债限额。举债限额是依据不同地方政府在向居民提供住房、教育、医疗等公共服务事项上的具体投入需要而定，并且可根据地方政府运行效率和特殊需要进行相应的调整。另外，非经英国财政部的批准，地方政府不得到境外或用英镑以外的货币举债。在西班牙，地方政府举借外债或发行债券需要经过财政部的批准。作为联邦制国家，澳大利亚曾于上世纪 80 年代通过其“贷款委员会”（the Loan Council）对地方政府举债行为实施集中监管。但实践表明，这种直接控制体制的实际运行效果并不理想。因此，在上世纪 90 年代中期，澳大利亚对“贷款委员”的职能重新进行了调整，同时，还将地方政府举债的监管模式改为协商合作模式（随后介绍）。在墨西哥，州政府或市政府（包括它们授权的机构或公营企业）可以在国内金融市场上筹集资金，用于资本性投资，但不能超过法律规定的相应上限。不像其他拉美国家，墨西哥暂时没有制定类似《财政责任法》方面的制度，代之以金融部门的监管法规来约束地方政府的举债行为。

---

① Ter - Minassian, T. and J. Craig (1997) “Control of Subnational Government Borrowing,” in T. Ter - Minassian, ed., *Fiscal Federalism in Theory and Practice* (Washington, DC: International Monetary Fund).

② 2001—2005 年：指日本采用行政控制模式的时间段。下文在其他国家名称后出现的时间段，含义类同。

2. 规则导向模式（Rule - based approach）。

规则导向模式是指通过相对固定的财政准则来约束地方政府举债行为的监管模式。一般地，这些财政准则既可通过宪法条文直接规定，也可经由国家法律或地方政府法规拟定，用以引导和规范地方政府的举债行为。规则导向主要包含两个方面：一是数量控制，即用数量指标限制地方政府的举债规模，如对总体负债率、赤字率、偿债率划定上限；二是禁止性规定，即直接规定某些融资行为是被禁止的，如地方政府不得到境外或以外币举债，不得向中央银行或国有银行贷款，也不得为经常性支出缺口融资等。规则导向模式成功运行还需要具备一定的前提条件，如，规则要透明；对债务的内涵要有全面而清晰的定义；完善的地方政府债务信息统计体系；严格限制预算外债务的产生等等。

在具体的监管措施上（如限制债务总额、禁止举债外债等方面），规则导向模式与行政控制模式虽有相似之处和重叠部分，但二者之间也有明显的区别，前者侧重财政准则的稳定性、连续性，以保证监管政策不因政府轮换而变化，确保目标的实现；后者侧重监管措施的灵活性，以反映经济环境的变化。

采用该模式的既有单一制国家，也有联邦制国家。主要包括：挪威、瑞典、瑞士、意大利、希腊、捷克、匈牙利、波兰、乌克兰、保加利亚、西班牙（1990—1991）、奥地利（1990—1998）、德国（1990—1991）、巴西、哥伦比亚、印度、日本等。

3. 协商合作模式（Cooperative arrangements）。

协商合作模式是指由中央政府与地方政府共同商定地方政府举债规模及相关事宜的监管模式。在该模式下，地方政府通常可积极参与拟定宏观经济及主要财政目标变量的工作，并对相关目标的实现承担共同责任。如，在政府总体赤字目标、财政收入及支出条件、地方政府融资限额等事项上，可由中央政府与地方政府共同协商决定。采用该模式的国家主要包括：澳大利亚（1994—2008）、南非（1990—2007），以及部分欧洲国家如：奥地利（1999—2008）、比利时（1990—2007）、德国（1992—2008）、罗马尼亚（1998—2008）、西班牙（1992—2008）等。

在澳大利亚，各州的财政政策及举债决策均由“贷款委员会”来协调。20世纪90年代中期，“贷款委员会”的职能被调整后，澳大利亚地方政府举债监管模式也由原来的行政控制模式改变为协商合作模式。有融资需求的地方政府，须提前一年向“贷款委员会”提交融资申请，但无需提供具体的投资项目细节信息。如果“贷款委员会”对融资申请存在质疑，它有权要求申请者对有关事项作出合理的解释，如有必要，“贷款委员会”还可对申请者的融资规划作出修改。目前，借助于金融市场及信用评级机构的辅助支撑作用，“贷款委员会”已能卓有成效地监督地方政府的融资行为。

在比利时，地方政府举债要受“高等财政委员会”（High Finance Council）的监管，该委员会的成员由联邦政府、大区政府、社区政府，以及比利时国家银行提名的人选和学者构成。具体监管职能主要由“高等财政委员会”下设的“公共部门融资管理处”负责履行。该委员会定期分析、监测各级政府的融资需求，并对各级政府的中、长期预算目标提出建议。基于“高等财政委员会”的建议，中央政府再与大区政府、社区政府签署相应的协议，这些协议一般跨期5至6年。根据协议，各级地方政府须保证每一年度预算目标的实现。为了确保财政收支活动与预算目标的一致性，地方政府在债务资金的使用上需要遵循“黄金规则”（即债务资金只能用于资本性支出或投资）。依据“高等财政委员会”的建议，对于不履行协议义务的大区或社区政府，中央政府可以限制它们的融资权力。

在某种程度上，南非对地方政府举债行为采取的是一种复合监管模式，即协商合作模式与市场约束模式（下面介绍）的结合体。其协商成分源于《南非宪法》第3款对建立“合作型政府”的要求，市场成分则在于地方政府一般都可以自由举债，没有总体性的债务限制。

4. 市场约束模式。

市场约束模式是指利用市场机制约束地方政府融资行为的监管机制。市场机制作用的一般原理是：当地方政府的债务规模超过安全边际线后，其到期债务违约率会随之迅速增加，理性的市场（金融机构）将以提高利率的方式寻求风险补偿。在市场利率上调信号的引导下，谨慎的举债人（地方政府）会主动地降低自身的债务水平，否则，市场也会拒绝其进一步的融资请求。由此市场运行本身就可将过度举债者或高风险者隔离在资本市场之外。但利用市场约束地方政府举债行为需要具备以下的条件：①资本市场必须自由而开放；②贷款人能够获取地方政府的债务规模及偿债能力等信息；③不存在中央政府救助贷款人的可能与机会；④地方政府有能力对资本市场的信号做出充分的政策反应[①]。在该模式下，中央政府不对地方政府的举债行为设定任何限制，地方政府可自由地决定：何时举债、举借多少债务、向谁举债，以及如何使用债务资金等具体事项。当然，地方政府为了提高自身在市场上的信用度，也可通过设定相应的财政准则，实施自我约束。曾经或正在实施该监管模式的主要国家有：北美的加拿大，欧洲的芬兰、瑞典等。

在加拿大，各省级政府可以随时、随地、随意地举借债务，联邦政府既不会从内部，也不会从外部对省级政府的举债行为实施限制，省级政府甚至无需向联邦政府提供任何举债信息[②]。但在加拿大，市级政府的举债融资行为要受到明确的预算约束，且要事先获得省级政府的批准。相对而言，在芬兰和瑞典，其市级政府的举债融资行为更为自由，无须事先获得上级政府的批准，既可从国内市场，也可从国际市场融资，没有任何特殊要求。[③④]

（二）事后监管机制

事后监管是指针对地方政府债务违约事件而采取的应急处置机制，这种机制也可称为“地方政府破产机制”（Subnational Insolvency Mechanism）或“地方政府债务重组机制”（Subnational Debt Restructuring Mechanism）。因此，在随后的论述中，不再区分“地方政府破产”与“地方政府债务重组”的不同，而是将二者混用。其主要目的是通过债务重组，修复地方政府的行政职能。同时，还要明确各方的权利与义务，保证债务重组过程的“合法性、透明性、公平性”。事后监管既要对诱发地方政府债务危机的不守规或不审慎行为实施处罚，还要尽量减少地方政府债务危机外部性带来的负面影响。

地方政府债务重组主要包括司法和行政两种途径。采用司法途径重组，表明法庭（破产法院）将在地方政府债务重组过程中起主导作用，由其决定破产程序的启动时点与债权人的补偿顺序。采用行政途径重组，则表明上级行政机关将

---

① Lane, T. D. (1993). Market discipline. *IMF Staff Papers*, 40 (1), 53—88.

② Bird, R. M., & Tassonyi, A. T. (2001). Constraints on provincial and municipal borrowing in Canada: markets, rules, and norms. *Canadian Public Administration*, 44 (1), 84—109.

③ Council of Europe. (1996). *Structure and Operation of Local and Regional Democracy: Sweden*

④ Council of Europe. (2009). *Structure and Operation of Local and Regional Democracy: Finland.*

介入下级地方政府的债务重组过程，并代为履行后者的部分行政职能。无论采用哪种途径进行地方政府债务重组（破产），都会涉及三个方面的主要事项：①启动破产程序。即：依法或既定的规则启动破产程序；②制订财政调整计划（fiscal adjustment）。即：债务人需拟定财政收支调整计划，保证其未来的支出与收入相适应，举债与偿债能力相匹配；③拟订债务重组方案（debt restructuring）。即债权人与债务人就债务的重组及豁免条件进行谈判，并拟定各方认可的债务重组方案。

1. 破产程序的启动。

首先，需要说明的是，地方政府破产实质上是对地方政府逾期债务实施重组，进而修复其行政履职职能的过程，不涉及地方政府“机关法人”主体资格灭失的问题。相反的是，企业破产不仅涉及企业债务重组，还涉及企业清算问题，如果企业不能和债权人达成债务和解协议，就只能进行资产清算，偿还债务，最终是其“企业法人”主体资格的灭失。在某种意义上，地方政府破产是借用了企业破产的概念，但破产的只是财政职能，而非行政职能。其次，地方政府破产程序的启动与地方政府破产的具体定义直接相关联，而不同的国家又有不同的定义。如，美国将地方政府破产定义为：不能偿还到期债务；南非定义为：出现严重的财务问题或持续性的财务违约事件；匈牙利则定义为：地方政府在收到还债通知60天内或规定的更长时间内，既无异议，也无偿债意愿。再次，是地方政府破产申请的提出。关于谁可以提出地方政府破产申请的问题，不同的国家有不同的规定。如，在美国，（州级以下）地方政府须经州政府的批准，方可向联邦破产法院提出破产申请，债权人无权将地方政府诉至破产法院。在南非，任何债权人都可向法院提出地方政府破产申请。

2. 财政调整计划。

无论是受外部因素冲击，还是因管理不善造成的地方政府破产，财政调整计划都是地方政府与债权人进行债务重组谈判的前提条件。财政调整计划的主要目的是使地方政府的收支恢复平衡状态，其手段主要包括：严肃财经纪律、节约开支、约束举债、提高财政管理能力，以及重塑中央与地方政府之间的财政关系等。与在中央层面实施的财政调整计划一样，地方政府财政调整计划的实施也受经济增长速度、市场实际利率水平，以及财政初始平衡状况等因素的影响。然而，地方政府实施财政调整计划时受到的限制要远超过中央政府，如，涉税权有限，增收途径不多；降低养老、医疗等保障性、刚性支出的社会阻力较大，节支空间受限；政府间财政关系相对固定，难以靠转移支付的迅速增加解决问题；作为中央政府或上级政府的“代理人”，只有执行政策的义务，没有调整政策的权力；不可发行主权货币，等等。即使是在财政高度分权的美国，其地方政府在实施财政调整计划时，也需在缩减开支和增加收入之间作出艰难的政治抉择。

3. 债务重组方案。

债务重组方案是地方政府破产机制的核心所在，其公正、合理与否，不仅事关地方政府财政平衡状态的恢复，也涉及债权人权益的保护。在债务重组过程中，不仅会发生对债务期限及条件的调整，还可能会出现对债务进行豁免的情况。显然，债务豁免有违“契约自由”精神，也损害了债权人的权益，会招致全部或部分债权人的反对。那么，谁有权力最终决定债务重组方案呢？由于不同的国家有不同的政治、经济、文化背景，所以，这种答案也不是唯一的。美国是世界上第一个颁布地方政府破产法律的国家（即《联邦破产法》第9章），而且，《联邦破产法》第9章主要是为了解决债务重组过程中的“钉子户”[①] 问题而出台的。根据该法律，在一定条件下，地方政府可决定债务重组方案的制订以及已有债务条款的修订事宜，如果债务重组方案被大多数债权人接受，那么，少数债权人的反对则无效。在匈牙利，地方政府债务重组方案及债务化解建议由“债务委员会”（the Debt Committee）负责制定，并经该委员会大多数委员表决通过。同时，经至少半数持有无争议债权的债权人的同意，相关的债务化解协议就可成立。在南非，相关法律规定：地方政府债务的豁免及债权人的补偿须经法院的批准。

二、国外地方政府举债监管模式评价与启示

这里主要对事前监管模式的特征及其启示加以分析。依行政控制模式、规则导向模式、协商合作模式、市场约束模式这种从前至后的顺序，地方政府举债行为受到来自中央政府“有形之手”的约束越来越少，而受市场“无形之手”的约束越来越大，反之亦然。各种监管模式之间的界限并非泾渭分明，也存在着某

---

① 钉子户问题（holdout problem）：指的是在地方政府债务重组过程中，通常会有少数债权人要求获得优先受偿的权力，否则将阻挠大多数债权人与地方政府之间达成的债务重组方案。少数人的这种行为被称为地方政府债务重组中的“钉子户问题”。

种程度的重叠，同时，它们也各有优缺点。

（一）评价分析

1. 行政控制模式的优缺点。

优点：可以控制国家整体性的内、外债务规模；可以提高地方政府的信用等级（尤其是当举借外债，国外债权人又要求中央政府提供担保时）。缺点：过度的行政控制与财政分权理念相违背；容易产生“道德风险”，行政控制本身也意味着某种或明或暗的担保，一旦地方政府债务出现违约，中央政府很难不施以援手。

2. 规则导向模式的优缺点。

优点：规则透明，易理解；持续性强，可稳定市场预期。缺点：难以在“循规蹈矩”与“相机抉择”之间作出平衡。规则定得过严，一旦经济出现下滑，需要为地方政府融资松绑时，却难以对相关财政规则或政策作出调整，而规则过于灵活，调整频率过大，又易失信于市场，难以对地方政府的融资行为实施真正的约束。

行政控制模式与规则导向模式最大的相同之处在于：二者的运行都由中央政府主导；区别在于：在行政控制模式下，中央政府对地方政府举债行为的控制有更大的自由裁量权，而在规则导向模式下，中央政府只是“依规”行事，强调规则的稳定性。一般地，发展中国家或转型国家多用行政控制模式，而发达国家多采用规则导向模式。

3. 协商合作监管模式的优缺点。

优点：促进各级政府之间的对话与信息交流、提高各级政府对财政预算活动可能形成的风险与外部负效应的认识程度。缺点：该模式的有效运行需要中央政府有较强的指导政府间协商谈判的能力，而许多国家都不具备这个条件。在某种程度上，协商合作监管模式融合了其他几种模式的构成要素，这既是其优点，也是其缺点。但在协商合作模式下，如果监管执行的不到位，就会同时产生出其他几种模式所固有的缺点，而非其优点。

4. 市场约束监管模式的优缺点。

优点：利用市场力量约束“道德风险”，中央政府无需为地方政府债务违约担责。缺点：存在地方债务规模失控，爆发债务危机的可能。市场约束监管模式有效运行的前提是：资本市场要高度发达、自由、开放，同时，地方政府还需是理性的“经济人”，能够对市场信号作出及时地反映。但，一般的国家都不具备这些条件，在该模式下，可能既存在着市场“失灵”，又存在着中央政府“不作为”的问题。

（二）启示

1. 完善监管体制是赋予地方政府举债权的前提。

在过去的20多年中，无论是欧、美、日等发达国家，还是印度、巴西、南非等发展中国家，都建立了或进一步完善了相应的地方政府举债监管体制，尽管它们采用的具体监管模式因国情不同而有所差异，但沿袭的逻辑思路都是相同的：要实施财政分权改革，赋予地方政府举债融资权力，首先必须建立健全地方政府债务风险管控体系，因为，授予地方政府不受约束的举债权不可能是一种最优政策选择。

2. 事前监管与事后监管同等重要。

按照监管时点的不同，地方政府举债监管机制分事前监管和事后监管，前者是从源头上对地方政府举债可能导致的债务风险进行控制，防范于未然；后者是从后果上对地方政府债务危机实施的应急处置措施和风险分担机制，阻止风险的进一步蔓延。事前监管和事后监管二者是相辅相成的，不可偏废，而且相应的制度要同时约束到债权人和债务人。仅依靠事前监管，没有相应的事后惩戒措施，会使债权人和债务人无需为风险损失担责，而行为失范；相反，仅靠事后监管，没有事前的规则约束，“大而不倒”心理①会诱使少数地位较为重要的地方政府过度举债，并倒逼中央政府为其债务“买单”。

3. 不存在一种适用于所有国家的监管模式。

没有一种监管模式能在任何情形下都优于其他监管模式，同样，也不存在一种模式能适用于所用的国家。因此，对任何监管模式实用性的评判还需要结合其他因素一起进行，如，政治体制、财政透明度、市场经济发达程度、金融市场成熟度，以往债务风险与危机的处置方式等。如果将地方政府举债监管模式比作成

① “大而不倒”：这里借用了金融机构“大而不倒”的概念，指某些金融机构具有广泛的影响力，如任其倒闭会引发系统性的风险，因此，政府必须采取救助措施，使其不倒。

“光谱”，那么，行政控制与市场约束正好处在“光谱”的两端，也是运行机理完全相反的两种模式。究竟采取何种监管模式更适合某个国家，并无统一的答案。就国际趋势而言，采用行政控制模式及规则导向模式的国家较多，而完全采用市场约束模式的国家在减少，这可能源于2008年以来的国际金融危机的教训，如欧债危机中，地方政府不谨慎的举债行为扮演了重要的角色。

4. 避免替地方政府违约债务“兜底”

中央政府应尽量避免为地方政府债务“兜底”，尤其是不应替那些过度举债或不慎举债的地方政府“买单”。当对个别地方政府的债务违约事件施以援手时，中央政府需要在援助的短期收益与长期负面效果之间做出仔细的权衡。因为中央政府的无条件“救赎”会削弱事前监管的效力，也会导致更为普遍的“道德风险”。

三、我国地方政府举债监管模式选择

缘于《预算法》的禁止性规定，目前除了少数省（市）级政府可开展自行发债试点外，从严格意义上讲，绝大多数地方政府是不允许举债的，但地方政府利用“融资平台公司”变相举债却是普遍存在的客观现象。针对地方政府举债问题，与其“堵”，不如“疏”。因此，赋予地方政府举债权，构建适合我国国情的地方政府举债监管体系，并建立健全相应的法律、法规，才是规范地方政府融资行为，控制地方政府债务风险的政策着力点。

（一）允许地方政府举债的必要性

对于地方政府的融资行为，何以有禁不止？简单地分析，可归结为历史和现实两个方面的原因。就历史而言，1994年的分税制改革虽使地方政府开始有了自身的税收权限和收入来源，也籍此形成了地方政府相对独立的信用基础，但此次税制改革并不彻底，只是在中央政府和省级政府之间作了事权与财权的相对划分，而省及以下层级政府之间的事权与财权并没有得到明确地界定。同时，在现行政府间财政关系的形成过程中，还出现了事权逐级下放，财权逐级上收的问题。“事权”与“财权”的严重错配，是导致各级地方政府收支缺口不断扩大的重要因素之一。在公共服务呈刚性需求的背景下，地方政府通过举债融资来弥补支出缺口就成了无奈之举。就现实而言，在我国目前加速推进城镇化的过程中，地方政府是落实中央决策、执行具体任务的主角，面对数以万亿计的城镇基础设施投资需求，仅靠现有的财力，显然孤木难支。经由“融资平台公司”，并遁身其中，又成了各级地方政府的不二选择。

基于我国社会经济发展的现实，党的十八届三中全会及时提出了“建立透明规范的城市建设投融资机制，允许地方政府通过发债等多种方式拓宽城市建设融资渠道”的决定，为建立规范的地方政府融资体制指明了方向。

（二）事前监管模式的选择

在允许地方政府举债的前提下，如何维持地方政府债务的可持续性？既是构建地方政府举债监管框架体系时需面对的挑战，也是选择具体监管模式的出发点。构建地方政府举债监管框架体系涉及众多方面，如：发债的申请与审批；债券的期限与结构；信息披露；募集资金的投向与用途；一级市场与二级市场监管；债务违约与重组，等等。其中，除了债务违约与重组属于事后监管事项外，其他方面都属于事前监管的范畴。在事前监管模式的方面，选择以行政控制为主，规则导向为辅的监管模式比较适合我国当前阶段的现状。首先，完全依靠市场约束的监管模式不适合我国的国情，因为该模式有效运行的基本前提是资本市场要高度的发达，地方政府是高度自控的“经济人”，并能对市场利率信号做出快速反应，显然，这两个条件并不具备；其次，协商合作监管模式也不适合我国的国情，因为在我国各级政府之间的事权、财权界限并不清晰，下级政府只是上级政府的“代理人”，是政策的执行者，而非制定者，上级政府对下级政府的债务有着或明或暗的担保责任，所以，在举债问题上谈不上协商合作，只有讨价还价的可能。最后，对于地方政府举债，由禁止到放开还是一个渐进的过程，更是一个建章立制的过程，仍需要中央政府通过行政控制的方式对地方政府的融资行为实施约束。待地方政府绩效考核制度、地方财政预算监督制度、地方政府财政管理能力得以完善或提高后，才有可能过渡到其他模式。

（三）事后监管机制的设立

事后监管与事前监管是地方政府举债监管体系中两个不可分割的重要组成部分。事前监管重在风险防范，目标是防止危机的发生，事后监管重在危机处置，目标是减少损失的扩大。即使事前防范措施再严密，也不能完全杜绝危机的发生，因此，没有事后监管机制的补充，事前监管难以发挥其应有的作用。事后监管不仅涉及局部违约债务的重组，也涉及全局性的债务危机应急处置。

虽然事后监管机制设计的重点在于危机的处置，但如果危机处置方式失当会直接影诱发地方政府的过度举债行为，如，中央政府直接为地方政府违约债务“买单”，就会导致地方政府预算软约束问题，同时，也会使债权人忽视尽职调查义务，进而形成中央政府会出面“拯救”债权人的预期。当地方政府出现债务危机，尤其是当危机已严重影响地方政府履行其公共服务职能时，中央政府仍坐视不管，显然，这在政治上是行不通的。然而，国际经验也表明：中央政府的无条件救助，又会鼓励不负责任的举债行为，导致严重的道德风险。因此，在设计事后监管机制时，应注意以下几个重要方面：首先，确定地方政府债务重组（破产）程序启动的条件。地方政府债务重组（破产）应允许选择行政调解，也可选择司法途径，或先行政后司法等方式。在上级政府的介入下，债务人可以和债权人针对债务重组事宜进行协商、调解，在此背景下，上级政府应是债务重组申请的受理机构。如果不能达成债务重组协议，经三分之二债权人的同意，债权人代表可向相关法院提交地方政府债务重组（或破产）申请。其次，在保护债权人权益与维持公众基本服务需要之间要做好平衡。地方政府债务重组（或破产）与一般性的商业性企业的债务重组（或破产）的根本性区别就在于：地方政府提供基本公共服务的职能不因债务重组（或破产）程序的启动而中止，债权人扣押和变现地方政府资产的权力应是有限的。而商业性企业的业务运行活动则完全可以中止或终止，且债权人可以扣押和变现商业性企业的全部资产，用于债务清偿。因此，在地方政府债务重组的过程中，需要妥善处理好债权人利益保护与公众利益保护之间的关系。第三，危机处置原则应清晰、稳定，以“锚定”地方政府及其债权人的预期。应通过立法或管理条例的方式，明确地方政府债务重组的程序与基本原则，尤其是要明确“损失共担”原则，即地方政府债务违约的风险及损失应有债权人与债务人（地方政府）共同承担。另一个需明确的重要原则就“条件救助”原则，即中央政府或上级政府的救助是有附加条件的，如，中央政府或上级政府的援助资金将从相应的转移支付中扣除、地方政府应缩减开支，同时，还可配合以相应的行政奖惩措施（如，在若干年内地方政府主要领导人不能晋升职务等）。

警惕中国经济减速阶段的“地方政府性债务依赖症”

潘泽清

有过失眠经历的人，可能都服过镇静药，镇静药能避免失眠对人体的严重危害，治疗失眠病，提高睡眠质量。但是，如果长期服用镇静药，一旦产生了药物依赖，成瘾者就不得不持续服药，而且所需的剂量会越来越大，药物带来的副作用也就越来越大。

日本经济也有类似的症状。20 世纪 90 年代初日本房地产和股票市场的泡沫破灭之后，日本经济陷入了长期的低迷之中。日本人将过去二十年称为“失去的二十年（the lost two decades)”，其 2011 年的名义 GDP 为 479 万亿日元，而 1992 年的名义 GDP 为 481 万亿日元，二十年间日本的名义 GDP 不升反降。为了应对经济长期低迷状态，在过去二十年中，日本政府曾反复采用财政刺激经济增长的措施，政府债务规模和债务率不断攀升。日本政府债务的绝对规模从 1992 年的 239 万亿日本上升到 2000 年的 538 万亿日本，再到 2011 年的 959 万亿日元，政府债务率也从 68.6% 上升到 2000 年的 137.5% 和 2011 年的 205.5%。可见，日本经济对政府债务产生严重依赖，如果政府不借债刺激经济，经济可能进一步恶化，超出人们能够承受的限度；如果政府借债刺激经济，则政府债务规模和债务率不断攀升。在这，我们将这种现象称为“政府性债务依赖症”。

2008 年世界金融危机爆发后，为应对危机，中央政府出台了四万亿的刺激政策。在四万亿元中，中央政府出资 1.18 万亿元，其余由地方政府自筹。2009 年，中国的地方政府性债务开始大幅度攀升，随后，中央政府出台了各种措施，约束地方政府借债，2010、2011 年两年地方政府性债务政府增幅明显下降。

2012年，随着四万亿刺激政策效应减弱、经济增速减缓以及地方政府换届，地方政府又开始大肆借债。2012年，地方政府性债务估计新增33295.23亿元，直逼四万亿之下的2009年；2013年上半年，地方政府性债务新增20050.34亿元，估计即使剔除通货膨胀因素，2013年全年新增债务可能会超过2009年，参见表1。2013年，中国经济波澜不惊，增速可能不高，但是新形成的地方政府性债务却不少，让人不禁心生疑虑，中国经济是否正在开始重蹈日本的覆辙。

表1　　地方政府性债务各年发生金额

债务发生期间	债务发生余额（亿元）	在债务总额中的占比（%）
2008年及以前	54816.11	30.64
2009年	33942.14	18.97
2010年	18416.66	10.29
2011年	18388.18	10.28
2012年	33295.23	18.61
2013年1月—6月	20050.34	11.21
2013年6月底债务总额	178908.66	100

注：2011、2012年的金额是根据36个地方政府性债务审计结果推算出来的估计值。

根据审计署2013年12月30日公布的审计结果，截至2013年6月底，地方政府性债务余额为178908.66亿元，与2010年的107174.91亿元相比，增加了66.93%。2012年中国总人口13.54亿，按此口径计算，截至2013年6月底，每个中国人承担的地方政府性债务为13213.34元。如果地方政府想一次性还清政府性债务，而你是一个三口之家，你还得再多交大约4万元左右的税收。当然，一般说来，地方政府不用、也不会马上来偿还这些政府性债务。也就是说，对于政府来说，债多不愁，关键是政府债务的规模和债务率是否在可承受的范围之内。

评价政府债务负担程度的一个重要指标是债务率，债务率是指年末债务余额与当年政府综合财力的比率，是衡量债务规模大小的指标。审计署2013年12月30日发布的审计报告表明，截至2012年底，全国政府负有偿还责任债务的债务率为105.66%。政府负有担保责任的债务和可能承担一定救助责任的债务大多有相应的经营收入为偿债来源，只有在被担保人和债务人自身偿债出现困难时，政府才需承担一定的偿还或救助责任。审计结果显示，2007 年以来，各年度全国政府负有担保责任的债务和可能承担一定救助责任的债务当年偿还本金中，由财政资金实际偿还的比率最高分别为 19. 13% 和 14. 64% 。考虑以上因素后，若将政府负有担保责任的债务按照 19. 13% 、可能承担一定救助责任的债务按照 14. 64% 的比率折算，总债务率为 113. 41% ，处于国际货币基金组织确定的债务率控制标准参考值范围之内（90%—150%）。可见，根据债务率指标，全国政府性债务处于国际通常使用的控制标准参考值范围内，风险总体可控。

但是，全国性的债务率指标难以准确地反映地方政府的债务负担水平及相关风险。如果中国的政府性债务出问题，更有可能地是出现在地方政府这一层面，在局部地区。审计署 2013 年 12 月 30 日发布的审计报告也指出，部分地方债务负担较重。因此，为了准确把握地方政府债务负担水平，还需测算一下地方政府债务率。在测算地方政府债务率中，除了需要知道地方政府性债务规模外，还需要知道地方政府综合财力。地方政府的收入来源主要是三大块：地方公共财政预算收入、中央税收返还和转移支付以及政府性基金收入。2012 年，地方本级公共财政预算收入 61077. 33 亿元，加上中央对地方税收返还和转移支付收入 45383. 47 亿元，地方财政收入总量 106460. 80 亿元。地方政府性基金本级收入 34203. 57 亿元，加上中央政府性基金对地方转移支付 1179. 46 亿元，地方政府性基金收入为 35383. 03 亿元。2012 年地方政府政府综合财力为 141843. 83 亿元。若将政府负有担保责任的债务按照 19. 13% 、可能承担一定救助责任的债务按照 14. 64% 的比率折算，2012 年，地方政府应偿还的债务为 106559. 75 亿元，相当于地方政府性债务的 67. 08% 。地方政府的债务率为 75. 12% 。可见，从债务率看，在 2012 年，地方政府性债务处于控制标准参考值范围之内（90%—150%），地方政府的债务率明显低于全国的债务率。但是，这并不意味着中国就可以掉以轻心，因为，如果中国未来几年内无法戒除地方政府性债务依赖症，那么，未来地方政府性债务是否仍继续处于控制标准参考值范围之内，就值得再议。

根据审计署 2013 年 12 月 30 日的审计报告，2013 年上半年，地方政府性债务新增 20050. 34 亿元。现在我们做一个简单的假设：2013 年上半年和下半年发生的地方政府性债务大致相等，据此，可以假定 2013 年地方政府性债务大约新增4万亿元。估计在2013年，4万亿元大约能拉动0.5个百分点的GDP，换句话说，如果没有这4万亿元的地方政府性债务，2013年的GDP增速可能还得再减少0.5个百分点。

如果经济处于高速增长阶段，少0.5个百分点的经济增长可能不是什么大的问题。但是，目前我国经济增长正处于结构性减速阶段，如果经济增速再下调0.5个百分点，是否能够被各方面接受就是一个有待斟酌的问题。

种种迹象表明，中国已开始经济增长阶段的转变，经济增速正处于结构性放缓阶段。这是因为，第一，低劳动成本优势正在消失。在过去相当长一段时间，由于农村存在大量富余劳动力，我国通过将劳动力从低生产率的农业部门，转移到高生产率的工业部门，从而实现了经济的高速增长。根据笔者2007年的调研，在内地，一个农民在农村年收入大约是5000元，但是，他到城市打工收入年收入大约是20000元。可见，一个农民从农村转移到城市，就他的个人收入而言，为GDP作出的贡献就提高了4倍。但是，目前我国生产年龄人口下降，农村富余劳动力正在消失（刘易斯拐点的到来）。受此影响，过去哪种结构性的增长方式无以为继，导致潜在增长率下降。第二，从国外引进先进技术的空间正在变小。赶超中的发展中国家，之所以可以在短时间内走完发达国家长时间走过的道路，是因为他可以通过引进发达国家现有的先进技术和制度，实现全要素生产率的高速增长。但是，随着发展中国家技术逐渐接近先进水平，可低成本引起的先进技术或者知识就越少。第三，高投资率无以为继。长期以来，我国的投资率一直保持在很高的水平，在工业化过程中，特别是进入重化工业阶段，产业链条不断加长，中间投入持续扩大；同时，人口和生产向城市集中，国内市场一体化程度不断提高，城市化水平迅速上升，对基础设施建设和房地产的需求不断扩大，这给资本逐利提供了许多良机。随着工业化和城市化水平的提高，高收益的投资机会逐渐减少，投资收益边际递减。除了工业化和城市化之外，在过去，出口也为包括外资企业在内的境内企业创造了许多投资机会，目前，随着出口的停滞，出口引致的投资也在减少。

根据研究，在十二五规划期间（2011—2015年），中国的潜在增长率估计平均为7.5%；在十三五规划期间（2016—2020年）估计平均为6.1%，2013正好处于2011—2015年中间，估计为7.5%；2018年为2016—2020年中间，估计为6.1%。照此推算，今后每年潜在增长率将下降0.3%，2014年估计为7.2%，

2015 年估计为 6.9%。目前，虽然中国不追求短期高速增长，而是致力于通过改革实现中长期持续稳定增长；但是如果增长率低于经济增长目标值，政府有可能会出台适度的经济刺激政策，进行微调。2013 年，政府公布的经济增长目标值是 7.5%。问题是，如果经济增速过低，各个方面的危机感就会大幅度提高，有可能对宏观经济管理部门形成很大的压力。那么，经济增长的底线是多少呢，对此有许多争论，目前，大部分人的答案是 7%。在 7% 之上，各个方面对增长率下降的容许度会提高许多。在这种情况下，今后几年内要将新增的地方政府性债务控制在 2013 年之下，压力恐怕很大。换句话说，今后几年内，地方政府性政府债务可能将以不低于 2013 年的增幅累增。随着债务规模的扩大，利息负担就会越来越重。在经济增速下滑和利息不断增长的双重压力下，中国经济对地方政府性债务的依赖性就会越来越大，不小心就有可能患上"地方政府性债务依赖症"。在这种情况下，地方政府债务率就会逐渐逼近控制标准参考值。

债务的本质是对未来信用的透支，如果未来产生的现金流不足以支付债务本息就会产生违约；如果未来产生的现金流不足以支付债务利息，那么问题就更为严重，因为债务规模就会"发散"，即债务雪球越滚越大。不过有一点可以放心，地方政府性债务不会崩溃，因为地方政府有良好的政府信用、拥有庞大的资产以及强有力的中央政府做后盾。不过，地方政府性债务可能会挤压宏观经济管理的空间，妨碍利率市场化等改革的顺利推进。不管怎么说，它终究是个问题，千万不可让它坐大。

通过 PPP 化减地方政府债务压力的分析与建议

贾　康　曾晓安　孙　洁

近年在应对世界金融危机的过程中，我国地方政府债务规模大幅度攀升。为了防范地方财政风险，已提出增加债务信息透明度、建立风险预警机制、以“阳光举债”机制规范政府融资行为、加强监督管理等等。除了这些之外，积极发展公私合作伙伴关系（PPP）概念下的新机制，有利于使地方政府尽可能少地发生债务，但又不影响到地方经济社会的发展。在此可先举一个简单的例子，假如地方政府要通过举债 100 亿元修建一条收费高速公路，那么地方政府就会形成债务负担（本金）100 亿元，而如果采用 PPP 模式中的 BOT（建设—经营—转让）形式，就是引用民营资本，让民营部门修建并让其经营一定年限后交给当地政府，路同样也修建了，而地方政府不会增加一分钱的债务。由此可以看出，公私合作伙伴关系机制在治理地方政府债务方面的潜力可观。

一、PPP 的概念及其特征

楼继伟部长在最近一次工作报告中指出，广义 PPP 是指政府与私人部门为提供公共产品或服务而建立的合作关系，以授予特许经营权为特征，主要包括 BOT、BOO、PFI 等形式。按照这个广义概念，从管理角度来看，PPP 是指政府公共部门与民营部门合作过程中，让非公共部门所掌握的资源参与提供公共产品和服务，从而实现政府公共部门的职能并同时也为民营部门带来利益。其管理模式包含与此相符的诸多具体形式。通过这种合作和管理过程，可以在不排除并适当满足私人部门的投资营利目标的同时，为社会更有效率地提供公共产品和服务，使有限的资源发挥更大的作用。

PPP 具有三大特征，第一是伙伴关系；伙伴关系是 PPP 中最为首要的问题。政府购买商品和服务，给予授权，征收税费和收取罚款，这些事务的处理并不必然表明合作伙伴关系的真实存在和延续。比如，即使一个政府部门每天都从同一个餐饮企业订购三明治当午餐，这也不能构成一种伙伴关系（Kelly，2000，p. 10）。PPP 中民营部门与政府公共部门的伙伴关系与其他关系相比，一个显著的独特之处就是项目目标一致。公共部门之所以和民营部门合作并形成伙伴关系，核心问题是在其中存在一个共同的目标：在某个具体项目上，以最少的资源，实现最多最好的产品或服务的供给。民营部门是以此目标实现自身利益的追求，而公共部门则是以此目标实现公共福利和利益的追求。形成伙伴关系要落实到项目目标一致之上，但这还是不够的，为了能够保持这种伙伴关系的长久与发展，还需要伙伴之间相互为对方考虑问题，具备另外两个显著特征：利益共享和风险分担。所以第二是利益共享；在这里需要明确的是，PPP 中公共部门与民营部门并不是简单分享利润，而且还需要对民营部门可能的高额利润进行控制，即不允许民营部门在项目执行过程中形成超额利润。其主要原因是，任何 PPP 项目都是带有公益性的项目，不以利润最大化为目的。如果双方想从中分享利润，其实是很容易的一件事情，只要允许提高价格，就可以使利润大幅度提高。不过，这样做必然会带来社会公众的不满，甚至还可能会引起社会的混乱。既然形式上不能与民营部门分享利润，那么如何与民营部门实际地共享利益呢？共享利益在这里除了指共享 PPP 的社会成果之外，也包括使作为参与者的私人部门、民营企业或机构取得相对平和、长期稳定的投资回报。在此，利益共享显然是伙伴关系的基础之一，如果没有利益共享，同样也不会有可持续的 PPP 类型的伙伴关系。第三是风险共担。伙伴关系作为与市场经济规则兼容的 PPP 机制，其中利益与风险也有对应性，风险分担是利益共享之外伙伴关系的另一个基础。如果没有风险分担，也不可能形成健康而可持续的伙伴关系。无论是市场经济或计划经济、无论是私人部门或公共部门、无论是个人或企业，没有谁会喜欢风险。即使最具冒险精神的冒险家，其实也不会喜欢风险，而是会为了利益千方百计地来避免风险。在 PPP 中，公共部门与民营部门合理分担风险的这一特征，是其区别于公共部门与民营部门其他交易形式的显著标志。如政府采购过程，之所以还不能称为公私合作伙伴关系，是因为双方在此过程中是让自己尽可能小地承担风险。而在公私伙伴关系（PPP）中，公共部门却是尽可能大地承担自己有优势方面的伴生风险，而让对方承担的风险尽可能小。一个明显的例子就是，在隧道、桥梁、干道建设项目的运营中，如果因一般时间内车流量不够而导致民营部门达不到基本的预期收益，这时公共部门可以对其进行现金流量补贴，这种做法可以在“分担”框架下有效控制民营部门因车流量不足而引起的经营风险。与此同时，民营部门实际会按其相对优势承担较多的、甚至全部的具体管理职责，而这个领域，对于公共部门而言，却正是政府管理层“官僚主义低效风险”的易发领域，这种风险由此而得以规避。

如果每一种风险都能由最善于应对该风险的合作方承担，那么毫无疑问，整个基础设施建设项目的成本就能最小化①。PPP 管理模式中，更多是考虑双方风险的最优应对、最佳分担，而将整体风险最小化。事实证明，追求整个项目风险最小化的管理模式，要比公、私双方各自追求风险最小化更能化解准公共产品供给领域内的风险。所以，我们强调，PPP 所带来的“一加一大于二”的机制效应，需要突破简单化的“融资模式”理解而上升到从管理模式创新的层面上理解和总结。

二、我国地方政府债务的规模及构成

厘清地方政府债务的来源及不同用途，会使我们可以针对不同的来源采用不同形式的 PPP 以降低地方政府债务规模和化解地方政府债务风险。根据国家审计署最近公布的信息，以截止到 2013 年 6 月底我国地方政府债务数据为基础，可对基本情况作如下分析。

（一）债务规模结构

地方政府债务包括省、市、县、乡四级政府的债务，2013 年 6 月底地方债

① ［美］E. S. 萨瓦斯：《民营化与公私部门的伙伴关系》，周志忍等译，中国人民大学出版社 2002，P265。

务总额为 178909 亿元，其中，负有偿还责任债务为：108859 亿元，占 60.85%；具有担保责任债务为：26656 亿元，占 14.90%；承担一定救助责任的债务为：43394 亿元，占 24.25%（见图 1）。

本文所讨论借助 PPP 机制化解的地方政府债务主要是指政府负有偿还责任的债务。对于后两类“或有债务”即担保责任债务和承担一定求助责任的债务，不在本文讨论当中。因此，后文所称的我国地方政府债务，即指负有偿还责任的债务。

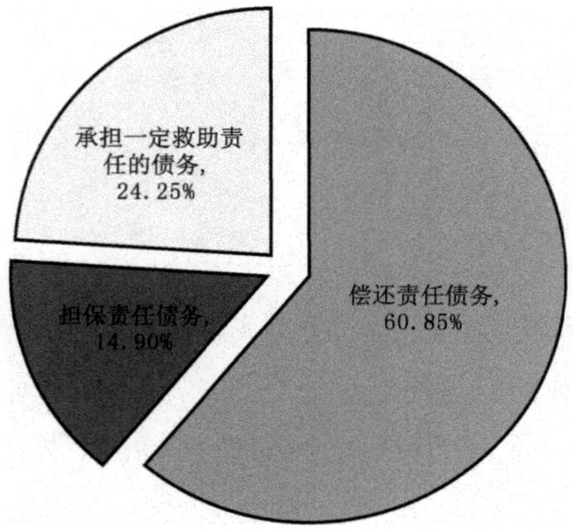

图 1　不同类型地方债务所占比例

（二）债务主体构成

各级政府负有偿还责任的债务为 108859 亿元，其中省级为 17781 亿元，占 16.3%；市级为 48435 亿元，占 44.5%；县级为 39574 亿元，占 36.4%；乡级为 3070 亿元，占 2.8%。从图 2 可以看出，市级政府举债最多，其是县级政府，分别占 44.5% 和 36.4%，而省级政府只有 16.3%，乡级政府更低仅有 2.8%。形成这样局面的原因主要是市县两级政府承担的市政基础设施建设所造成的。

（三）债务用途结构

从表 1 和图 3 可以清楚看到，当前我国地方政府举债主要用来进行市政建设（占 37.5%）、土地收储（占 16.7%）、交通运输设施建设（占 13.8%）、保障性住房（占 6.8%）、教科文卫（占 4.8%）、农林水利建设（占 4.0%）、生态

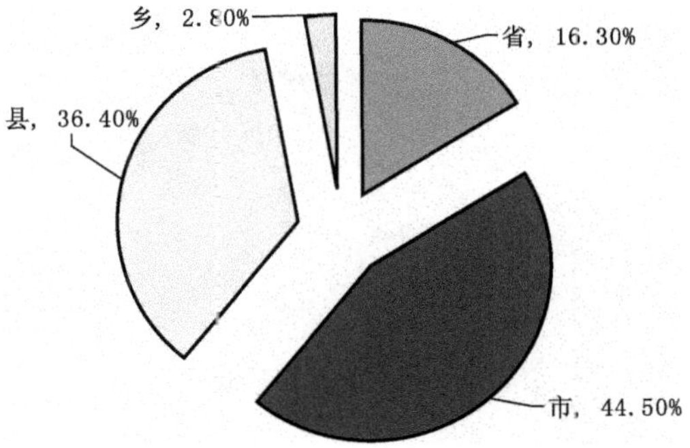

图 2　地方各级政府债务比例

建设和环境保护（占 3.2%）。前三项较为集中，占整个债务的 68%。

表 1　　　　地方债务用途表

用　　途	金额（亿元）	比例
市政建设	37935.06	37.5%
土地收储	16892.67	16.7%
交通运输设施建设	13943.06	13.8%
保障性住房	6851.71	6.8%
教科文卫	4878.77	4.8%
农林水利建设	4085.97	4.0%
生态建设和环境保护	3218.89	3.2%
工业和能源	1227.07	1.2%
其他	12155.57	12.0%
合计	101188.77	

三、化减地方政府债务压力可选择的 PPP 形式

基础设施形态一般表现为三种形式，一是已经建成的基础设施；二是需要改造和扩建的基础设施；三是新建基础设施（见表 2）。一般来讲，已有债务存量是发生在已有基础设施项目上，而新债务是发生在将要建设或者是需要改

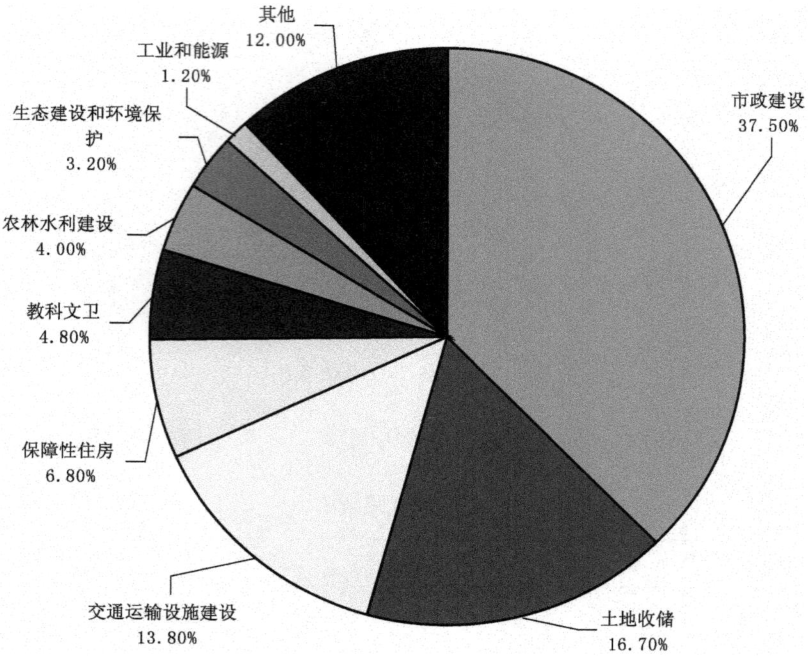

图3 地方政府债务用途

造和扩建的基础设施项目。

从表2可以知道，针对不同形态的基础设施项目可以选择不同的PPP模式，如果通过PPP化解债务，可能需要针对具体项目重新选择适合化解债务的PPP具体运作模式。

表2　　PPP管理模式的部分分类

基础设施类型	模式	描述
现有基础设施	租赁（L）	政府将基础设施出租给民营企业，民营企业在特许权下经营并向用户收取费用
	运营和维护的合同承包（O&M）	民营企业经营和维护政府拥有的基础设施，政府向该民营企业支付一定的费用
	转让—经营—转让（TOT）	政府将基础设施转让经民营企业，民营企业经营期过后再转让给政府。

续表

基础设施类型	模式	描述
扩建和改造现有基础设施	租赁—建设—经营（LBO） 购买—建设—经营（BBO）	民营企业从政府手中租用或收购基础设施，在特许权下改造、扩建并经营该基础设施；它可以根据特许权向用户收取费用，同时向政府缴纳一定的特许费
	外围建设（WA）	民营企业扩建政府拥有的基础设施，仅对扩建部分享有所有权，但可以经营整个基础设施，并向用户收取费用
新建基础设施	建设—转让—经营（BTO）	民营企业投资兴建新的基础设施，建成后把所有权移交给公共部门，然后可以经营该基础设施 20—40 年，在此期间向用户收取费用
	建设—拥有—经营—转让（BOOT）或者建设—经营—转让（BOT）	与 BTO 类似，不同的是，基础设施的所有权在民营部门经营 20—40 年后才转移给公共部门
	建设—拥有—经营（BOO）	民营部门在永久性的特许权下，投资兴建、拥有并经营基础设施

（一）现有基础设施

如果将现有基础设施转化为 PPP 模式可能有多种形式的选择，如政府可以通过租赁、运营和维护合同承包等形式与民营企业合作，由政府向民营企业发放特许经营权证，让民营企业进行经营和管理。民营企业可以直接向使用者收费，也可以通过政府向使用者收费。如果通过 PPP 模式来化解政府在建设过程中所发生的债务，可考虑选择 TOT 模式，就是将已建成的基础设施转让给私人部门，政府将转让所得化解原来债务，而私营部门在得到基础设施一个较长时段的运营权后进行经营管理，取得合理回报，当运营期结束再交还给政府。

（二）扩建和改造现有基础设施

这方面可采用的 PPP 模式也有若干，如政府可以通过租赁—建设—经营、购买—建设—经营、外围建设等形式与民营企业合作。对于如何化解这方面的债务可分为两个方面，一方面是前期因建设形成的债务；二是因需要扩建和改造带来新的债务。这两个方面都可采用 TOT 的模式来化解原来的债务和防范未来发生的债务。如果仅仅因改造或扩建需要贷款融资，可以仅对改造部分采用 BOT 的模式。政府将需要升级改造的基础设施转让给私人部门，由私人部门对原有的基础设施进行升级改造，并对升级改造后的基础设施经营管理。经营者在特许权下向使用者收费，并向政府交纳一定的特许费。经营期过后再将基础设施转交给政府。

（三）新建基础设施

对于新建的基础设施，政府可以采用建设—转让—经营（BTO）、建设—经营—转让（BOT）、建设—拥有—经营（BOO）等 PPP 模式。这些方式可以有效避免政府债务的发生的模式有 BOT、BOO。建设—转让—经营是指由民营企业对基础设施进行建设，建设完成后转交给政府部门，然后再由民营部门进行经营管理。这种形式有利于提高基础设施建设的效率和质量，也可以提高经营管理的效率。在民营企业对基础设施经营管理期间，所有权属于政府。民营企业以租赁的形式获得经营权，同时也可以把建设时所使用的资金作为租金，从而获得优先租赁权。建设—经营—转让是指由民营企业对基础设施进行建设，建成后由民营企业进行经营管理，按照特许经营的合约时间，经营到期后转交给政府。在经营管理期间，基础设施的所有权是属于政府的，但是，不需要向政府交纳使用费，只是在经营到期后，无偿交还政府。在交给政府之前，必须保证基础设施的完整性、正常功能等。建设—拥有—经营（BOO）是指由民营企业建设基础设施，建设完成后，民营企业获得基础设施的所有权，同时获得基础设施的“永久性”经营权。当然这里的“永久性”经营权是个相对概念，是在特许权下面的“永久性”经营。这三种合作的形式主要目的是为新建基础设施融入民间资本，同时提高资金的使用效率和提高基础设施的建设质量与运营服务水平。

四、不同领域基础设施项目化解债务所选择的 PPP 形式

有了债务种类以及化解债务的 PPP 形式，下面我们来分析一下不同领域下

如何不同的化解债务的 PPP 形式。

（一）市政建设

市政建设主要由供水、供气、供热、污水处理、垃圾处理和轨道交通等组成。其经济水平也不尽相同，有些项目通过向使用者收费可以收回投资，一些项目不能通过向使用者收费收回投资。对于能够通过向使用者收费收回投资的项目，我们可以根据项目情况优先采用 TOT 或 BOT 的方式，对于一些不能通过向使用者收费收回全部投资的项目，政府可以给予相应的补贴，同样也可选择 TOT 或 BOT 模式。对一些没有必要转让给政府的项目，可能采用 BOO 的方式。

政府可以通过转让已有项目归还银行贷款，从而化解因市政建设所带来的地方政府债务。对于新建项目，政府可以通过选择合理的 PPP 模式，避免政府形成新的债务，同时又能及时提供社会所需要的市政设施。

（二）土地收储

土地收储不是一般的基础设施项目，只是一种带有土地储备性质的前期投入，这种投入会给未来带来收益。因此，土地收储同样可以采用 PPP 模式，如果是新的土地收储项目，政府完全可以通过公开招标选择一个 SPV，让其对土地前期整治，未来土地收益可以通过与政府分享方式获得相应的报酬。而对于已经通过贷款进行的土地收储项目，政府可以招标方式选择一个 SPV，让其承接政府没有完成的工作，同时将前期政府投入归还政府，同样可以通过土地未来收益获得相应的报酬。

（三）交通运输设施建设

交通运输设施主要指高速公路、铁路等，可以将政府投资的高速公路经营转让给私营部门，将转让所得化解由该项目带来的任务。当然这里要避免将快要归还完债务或已经归还完的高速公路再次出让。对于已经经营不同年限的高速公路所选择的特许期也会有所不同。对未来再建的高速公路尽可能选择 PPP 模式而不是继续由政府贷款修建。对于铁路而言，我们可以选择一些经济较好的路段进行 PPP 模式的试点，待积累一定经验后再推广到一般的铁路项目当中。

（四）保障性住房

保障性住房的债务主要集中在廉租房和公共租赁住房，对于限价房和经营适用房并不带来政府债务。对带来的政府债务的两类保障房，应当采用 TOT 形式，将已经建设的保障房转让给 SPV，由 SPV 进行运营管理，经营期后再转让给政府。政府将转让所得归还债务。由于这两类保障房的房租所得不能覆盖投资成本，因此需要政府通过补贴可延长经营期限方式提高投资者收益。

（五）教科文卫

教科文卫中的政府债务化解，主要是对基础设施建设所带来的债务的化解，对已经建设的基础设施带来的债务，同样可以通过 TOT 的方式来化解，就是将已经建设好的基础设施转让给 SPV，由其进行经营管理维护，经营期结束后再转让给政府。由于教科文卫基础设施项目的经济性较弱，可能需要更多的政府补贴来实现 PPP 模式的成功实施。对新建基础设施可以借鉴 PFI 模式（PFI 即为政府付费的 PPP 形式，现在已发展为 PF2，与 PFI 相比，PF2 要求 SPV 有一定的注册资本金，同时政府持有 SPV 的股份）。

（六）农林水利建设

农林水利建设项目存在较大不同，一些纯公益类项目，依然需要由政府投资，而为类项目可以采用 PF2 的方式。对于一些经济性较好的项目，可以采用 TOT（已建基础设施）或 BOT（新建基础设施）。如水利发电可以采用 BOT 或 TOT 形式，而水闸则需要通过 PF2 的方式。

（七）生态建设和环境保护

生态建设和环境保护项目一般为纯公益类项目，所能采用的 PPP 模式要根据项目自身的经济效益来确定，如果经济性较好的话可以采用 BOO 或 BOOT 方式，如果完全需要政府投入，建议选择 PF2 形式。

（八）工业和能源

工业和能源项目所带来的政府债务较少，一是由于是接近市场化的项目，二是能源项目本身就有很好的收益，因此，私营部门参与的积极性较高，只需政府给私营部门特许权就可以了。

（九）其他

其他项目给政府带来的债务所占比例并不少，化解此类项目债务根据项目具体特征来选择合适的 PPP 形式，首先优先化解经济性较好的项目，所选择的模式依然是 TOT 或 BOT。对于经济性较弱的项目建议选择 PF2。

五、通过 PPP 化解和防范地方政府债务过程中所要解决的关键问题

除选择适合的 PPP 形式外，我们在选择通过 PPP 化解地方债务过程中，还应当解决好以下几个方面的问题：

（一）首先选择直接效益相对好的项目

通过 PPP 化解地方政府债务，首先要选择有一定回报能力、运营中可产生现金流量的项目，如果项目本身的现金流较弱，则应该注意构造较好的长期盈利模式。一些基础设施项目有较强的社会性，即具有较高的间接经济效益，而直接的经济效益较弱，因此，构造盈利模式时可合理加入垄断性。如水厂项目的供水、电厂项目的供电，都是政府特许的垄断项目，产品的定价和出售都可同有关部门签订合同而得到一定保证。垄断性有利于保证项目有足够把握达到财务目标。如果所选择的项目盈利能力较强，其垄断性则可以降低一些。

（二）对经济回报能力较弱的项目提供灵活的政策和有力度的激励措施

根据项目的特点，政府应该为经营者提供相应的优惠激励措施。特别是对于那些经济回报能力较弱的项目，激励方式通常有如下几个方面：①最低经营收入保证。为了确保项目的成功实施，政府应该在一定时期内以固定的价格购买一定数量的产品或服务，如电厂、水厂等。或者在现金流大幅度下降时，政府给予以适当的补贴，如隧道或公路交通等。即使用补贴产生一定的财政压力，也会比政府自己办项目的财政压力低很多。②授予经营现有收费设施的专营权。③商业自

由空间。准许项目公司在授权范围之内进行符合公司利益的延展开发。④无第二设施担保。必要时政府应该担保在该项目经营期内不再建设第二设施，以保证该项目的独家垄断地位。

（三）将一部分 BT 模式的项目转为 BOT

目前地方政府为了加快基础设施建设，不少地方采用了 BT 的模式。往往转让时间段较短、且成本较高，给地方政府造成不少债务压力。面对这种债务，地方政府可以采用通过将 BT 转为 BOT 的方式化解。其经营的方式可以做多样化的选择。例如市内轨道交通，虽然不可能通过向用户收费的方式收回投资，但可以将道路两边的经营权交给投资者，让其获得相应回报，极而言之，如果还不足的话，政府也可进行适当补助以达到投资者最基本的投资收益保障。

（四）积极探索狭义 PPP 概念下的 SPV 形式

众所周知，在 PPP 模式中，SPV 的作用是非常重要的，因此，我们应当在选择 PPP 模式时就尽可能要求设立 SPV，特别是对公开招标项目，招标对象一定要求是符合项目条件的 SPV 才能参与投标，并对 SPV 设立一定的条件，如注册资本金比例、股东构成等要有一定的约束。

（五）加强监督管理

在通过 PPP 化解债务过程中应当加强监督管理，一方面，防止那些没有条件的项目也采用 PPP 模式，或因采用 PPP 模式给服务质量带来下降风险。另一方面，提高公众参与度，让更多的公众参与对 PPP 项目的监督，同时也充分发挥媒体的监督作用。

主要参考文献：

［1］贾康：《地方融资与政策性融资中的风险共担和风险规避机制》，财政部科研所，财政研究简报，2009（34）。

［2］贾康、孙洁：《公私伙伴关系（PPP）的概念、起源、特征与功能》，财政研究，2009（10），P2－10。

［3］贾康、刘微、张立承、石英华、孙洁：《财政风险视角下的地方债务研究》，财政部科研所，研究报告，2008（108）。

［4］苏明、贾西津、孙洁、韩俊魁《中国政府购买公共服务研究》，财政部科研所，研究报告，2009（88）。

［5］孙洁著：《城市基础设施公私合作管理模式研究》，中国人事出版社，2007。

［6］E. S. 萨瓦斯：《民营化与公私部门的伙伴关系》，周志忍等译，中国人民大学出版社，2002。

利用公私合作伙伴关系（PPP）支持我国城镇化发展问题研究*

课 题 组

党的十八大以来，中央把推进城镇化放在更加突出的位置，做出了一系列安排部署，稳步推进城镇化是现阶段我国改革与发展面临的重要任务。作为政府配置资源、调控经济的重要手段，财政在推进新型城镇化进程中担负着重要责任。围绕“人的城镇化”，新型城镇化建设既涉及基础设施建设，也涉及公共服务提供、民生改善，方方面面对资金的需求都很大。在当前财政运行呈现收入低增长、支出压力加大的背景下，单靠政府财政投入，难以满足城镇化推进过程中的巨量资金需求，迫切需要拓宽资金来源，创新资金投入机制和公共物品供应机制。基于此，报告在概要分析推进新型城镇化过程中财政支出责任的基础上，对利用公私合作伙伴关系（PPP）支持我国城镇化发展的必要性、具体领域及优先领域，总体思路与路径安排进行系统分析。

一、稳步推进城镇化是现阶段我国改革与发展面临的重要任务

党的十八大以来，中央把城镇化建设确定为经济建设“新四化”的重要内容，强调要走集约、智能、绿色、低碳的新型城镇化道路，提高城镇化的质量。深刻认识新型城镇化的内涵，准确把握政府在新型城镇化推进中的作用，明确财

* 课题研究中，财政部国际司相关领导和专家对报告提出宝贵意见和建议，在此深表谢意。

政应有的责任与任务，是稳步推进新型城镇化过程中首先需要解决的认识问题。

（一）新型城镇化及其背景

改革开放后，我国的城镇化进程进入加速阶段。根据国家统计局的报告，截至2012年底，我国的城镇化率达52.57%，城镇人口首次超过了农村人口。城镇化的推进，初步显现了集聚效益，对我国经济社会发展发挥了积极的促进作用。但是，传统城镇化模式带来的矛盾和问题日益显现。一些地方出现的政府主导下的城市规模快速扩张，“以地谋发展”、“要地不要人”的城镇化带来了一系列负面影响。十八大报告指出，未来我国将坚持走中国特色新型城镇化道路。新型城镇化具有如下要点：一是在战略定位上强调推进城镇化的战略意义。将城镇化定位为拉动我国经济增长的新动力，是着力解决制约经济持续健康发展的重大结构性问题的重点之一。二是在推进路径上强调工业化、信息化、城镇化、农业现代化“四化同步”。三是在发展成效上强调提高城镇化的质量，强调“人的城镇化”。从以上要点出发，当前和今后一段时期，推进新型城镇化，应政府引导，多方参与，以产业发展为支撑，围绕人的城镇化，逐步弥合城乡二元经济，实现城乡发展一体化。

（二）城镇化在现阶段我国改革发展中的科学定位

当前，我国推进新型城镇化，不仅是城市化发展一般规律的要求，也是着力解决制约经济持续健康发展的重大结构性问题、拉动未来中国经济增长、实现国家现代化建设战略的现实需要。①城镇化是我国现代化建设的载体。城镇化是一个国家工业化、现代化的重要标志。我国要实现从经济大国向经济强国迈进，必然应遵循城镇化发展规律的内在要求，努力推进新型城镇化，进而实现国家的现代化。②城镇化是拉动中国经济未来增长的新动力。城镇化从需求和供给两个方面作用于经济增长。从需求层面看，随着新型城镇化的推进，农民变市民后，会带来城镇相关的基础设施和住房的大量需求，带来这部分新市民及其家庭的大量消费需求，整个社会消费需求的明显提升将会拉动经济增长。从供给层面看，城镇化的推进有利于规模经济的产生和人力资本的积累，城镇化过程伴随着产业结构和就业结构的变迁，农村中从事农业的人口流向城市从事二三产业，有利于推动生产率的提升，带动未来我国经济增长。③城镇化是我国经济社会实现长远发展的重要途径。“三农”问题是制约我国经济社会发展的重要问题。只有解决好“三农”问题，破解城乡二元结构，才能实现我国经济社会的长远发展。推进新型城镇化，是推动城乡发展一体化的重要方面，是解决好“三农”问题，实现我国经济社会长远发展的重要途径。

（三）政府在城镇化发展中应有的职能和作用

准确把握政府在城镇化发展中的职能与作用，需要正确处理好政府与市场的关系，以及政府与社会的关系。在充分发挥市场作用、尊重百姓意愿的前提下，政府应在战略、规划、营造公平的制度与环境等方面发挥作用，引导和扶持城镇化稳步发展。①结合国家主体功能区规划，因地制宜地做好相关战略、规划制定以及相应的监督执行工作。②在基本公共服务方面积极投入，逐步弥合城市居民、进城农民工以及农村居民之间的公共服务和福利差距。特别是增加基本公共服务经常性支出、服务设施投入、城市基础设施投入等，为推进新型城镇化提供支撑。③深化体制机制改革，通过中央政府的顶层设计来协调推进户籍制度、土地制度、社会保障制度等方面的改革，完善财政税收政策，破除深层次的体制障碍，为新型城镇化创造公平正义的政策和法律环境，促进城乡之间生产要素的公平分配和公共资源的均衡配置。

（四）财政在稳步推进城镇化中的支出责任

作为政府配置资源、调控经济的重要手段，财政在推进新型城镇化进程中担负着重要责任。具体而言，财政在稳步推进新型城镇化中的支出责任主要体现在以下两个方面：

1. 以人的城镇化为着眼点，财政在改善基本公共服务均等化水平方面负有支出责任。

基本公共服务均等化是衡量城镇化质量的重要标准之一，也是实现人的城镇化的重要保障。基本公共服务属于政府应提供的公共产品，财政在基础教育、就业服务、基本养老、基本医疗、保障性住房、社会服务以及文化体育等基本公共服务提供方面负有支出责任。

2. 按照“四化同步”的总体要求，财政在产业发展方面负有引导扶持责任。

按照“四化”同步的要求推进新型城镇化，应进一步完善财政扶持政策，创新财政投入方式，注重运用市场机制引导和促进经济转型发展，引导促进工业化与农业现代化，促进第三产业，特别是服务业发展，为农民工等群体创造更多就业和提高收入的机会，让农民工更好地融入城市。

从上述两个方面看，在扶持产业发展方面重在建立激励和引导机制，而政府基本公共服务方面的投入需求巨大。推进基本公共服务均等化，在基本公共服务设施建设、公共服务经常性支出以及城市基础设施建设等方面需要巨量的资金投入。与此同时，随着城市人口数量的增加和城市规模的扩大，还会带来城市社会管理、社会服务方面的新增成本。在当前财政运行呈现收入低增长、支出压力加大的背景下，单靠政府财政投入，难以满足城镇化推进过程中的巨量资金需求。在公共财政资源有限的条件下，稳步推进新型城镇化，分步骤实现城镇基本公共服务常住人口全覆盖，逐步缩小城乡基本公共服务差距，迫切需要积极探索、发展 PPP（公私合作伙伴关系）等新机制，拓宽资金来源渠道，创新公共产品供应机制。

二、PPP 的基本内涵

目前我国的城镇化正处于快速发展阶段。依照国际经验，此阶段的突出特征之一就是资金需求巨大，仅仅依靠政府的财政投入难以满足。此外，新型城镇化不仅注重发展的速度和规模，更强调发展的质量和效益，而以政府为单一主体的推动模式往往存在效率低下、质量不合格等问题。因此，在未来的城镇化发展过程中，需要通过体制机制创新，激发城镇化发展的内在活力，提供持续发展动力。公私合作伙伴关系，即 PPP（Public – Private – Partnerships 的简称）模式就是一种将市场机制和政府力量有效结合的新型管理模式，通过该模式积极引入社会资本参与城镇化进程，提高我国城镇化的质量和效率，是未来促进我国城镇化健康快速发展的有效途径。

（一）什么是 PPP？

所谓 PPP，是指政府公共部门与民营部门合作过程中，让非公共部门所掌握的资源参与提供公共产品和服务，从而实现政府公共部门的职能并同时为民营部门带来利益的管理模式[①]。在此，需要强调两点：

其一，PPP 的本质是一种合作关系而非简单的竞争。公共物品的非排他性和非竞争性特征导致市场机制在公共物品的资源配置方面出现失灵，由市场自发提供的公共物品供给不足。因此，政府便成了公共物品供给的最重要主体。但是，在大量准公共物品的提供过程中，并不必然排斥私人部门的参与，相反，还可能带来一系列正面效应。PPP 模式允许并鼓励民营部门参与公共物品的提供，一定是民营部门与政府公共部门合作的结果，而非竞争的结果。虽然在具体民营企业或机构参与者的确定过程中，一般要安排必要的竞争，但这种具体环节上的内部竞争只是合作过程中的一种手段和一种基础机制，合作才是 PPP 模式的根本所在。

其二，PPP 是一种管理模式而非单一的融资模式。管理是指同别人一起，或通过别人使活动完成得更有效的过程[②]。PPP 模式就是政府公共部门与民营部门一起使得公共产品和服务的提供更为有效的过程。PPP 作为一种管理模式，与融资模式存在着显著的区别：PPP 模式是让民营部门所掌握的资源参与公共产品和服务的提供，而民营部门的资源不仅仅局限于资本，还有先进的生产和管理技术，PPP 项目包含融资但不仅限于融资；PPP 模式中，公私双方追求的是合作项目的整体风险最小化，而融资模式更多是公私双方各自追求自身利益的风险最小化；PPP 管理模式追求的是社会综合效益的最大化，而融资模式中融资者考虑的仅是自身利益的最大化。由上可知，对于 PPP 模式，要从管理的高度加以把握，充分认识其“一加一大于二”的合作机制。

（二）PPP 所具备的特点

PPP 作为一种新型管理模式，其运行具有以下三个重要特征：伙伴关系、利益共享和风险分担。其中，伙伴关系是首要特征，利益共享与风险分担是维持伙伴关系的重要条件，是由伙伴关系衍生出来的特征。

1. 伙伴关系。

---

① 贾康、孙洁，“公私伙伴关系（PPP）的概念、起源、特征与功能”，《财政研究》2009 年第 10 期。

② ［美］斯蒂芬·P. 罗宾斯著《管理学》，北京，中国人民大学出版社，2002。

伙伴关系是 PPP 的首要特征，也是其合作本质的具体体现。可以说，没有伙伴关系就没有 PPP。政府公共部门与民营部门形成合作关系的核心在于存在共同的目标，即在某个具体项目上，以最少的资源提供最多的产品和服务。民营部门以此目标实现对自身利益的追求，在一定的约束之内尽可能实现利益最大化，而政府公共部门则是以此目标实现公共福利和利益的追求，以最小的成本向社会提供最多最有效的产品和服务。

2. 利益共享。

一般来讲，PPP 项目都是公益性项目，不以利润最大化为目标，所以，PPP 项目中政府公共部门和民营部门的利益共享不是指分享利润，这里的“利益共享”更加强调对项目产生的综合经济效益和社会效益的分享。具体而言，政府公共部门可以从 PPP 项目中得到的利益主要有以下几个方面：一是资金投入的节省；二是生产成本和管理成本的节约；三是政府形象的改善和声誉的提高。作为一种“双赢”的制度安排，民营部门也可以从 PPP 项目中分享利益。首先，民营部门可以从项目中取得相对平和、稳定的投资回报。其次，提高民营部门的社会形象和企业知名度。第三，与政府公共部门建立良好的合作关系，开拓投资领域。

3. 风险分担。

伙伴关系不仅意味着利益共享，还意味着风险分担。PPP 模式中合作双方的风险分担更多是考虑双方风险的最优应对、最佳分担，尽可能做到每一种风险都能由最善于应对该风险的合作方承担，进而达到项目整体风险的最小化。事实证明，追求整个项目风险最小化的管理模式，要比公、私双方各自追求风险最小化更能化解准公共物品领域的风险。

（三）PPP 对城镇化的促进作用

作为一种新型的管理模式，PPP 不仅具有管理的一般职能，即计划、组织、领导、控制，还具有扩大融资、利用新技术和机制创新等特殊职能。这里重点介绍一下 PPP 的三个特殊职能。

1. 扩大融资。

PPP 兴起之初，其主要目的就是为基础设施融资，以解决公共投资的不足。在 PPP 的众多具体形式中，BOT（建设—经营—转让）模式是融资功能表现最为明显的一种。政府公共部门通常让民营部门利用自有资金或自筹资金建设基础设施，然后给予民营部门一定期限的特许经营权，使得民营部门从经营中收回投资并获得一定的收益，最后再将基础设施转让给政府公共部门。政府在该过程中不需要投入资金或投入少量资金，就可以为社会提供本该由自己提供的公共产品或服务。PPP 的融资功能使得社会资本可以源源不断地流入公共产品和服务领域，为公共产品和服务的供应开拓了融资渠道，使政府财政资金真正达到“四两拨千斤”的作用。

2. 利用新技术。

民营部门通过 PPP 模式参与公共产品和服务的提供，不仅给合作项目带来资金，而且带来先进的生产和管理技术，从而大大提高公共产品和服务供给的效率和水平。民营部门参与 PPP 合作项目，其追求的首要目标还是获得投资收益，但基于公共产品和服务的社会公益性，政府公共部门会对民营部门经营公共产品和服务加以规制，以避免民营部门获得垄断性高额利润。因此，民营部门要获得更高的收益，就必须在保证产品和服务质量的前提下，通过采用新技术以提高效率、降低成本。这一优势是公共部门单独提供公共产品和服务所不能实现的。

3. 机制创新。

正确处理和协调市场与计划两种运行机制的关系，是社会主义市场经济体制的核心命题。PPP 的本质是公私合作，这种合作的结果便是市场和计划两种机制在公共物品和服务领域的有机结合。通过 PPP 的制度设计，吸引社会资本参与公共物品提供，改变过去公共物品领域政府单一供给的运作模式，对于转变政府职能、创新公共物品供给的激励机制、提升公共物品配置效率具有战略意义。

三、现阶段我国城镇化建设中采用 PPP 的必要性

城镇化过程中，需要大量投入以形成有效供给的公共物品领域主要指城市公共设施，具体包括三个方面：基础设施、公用事业和公共服务。在我国未来城镇化过程中，有必要通过 PPP 模式引入民营部门参与公共物品的提供，以缓解资金供求矛盾、提高供给效率和分散风险。

（一）弥补巨额资金的供需缺口

1. 我国未来城镇化需要巨额资金投入。

根据有关统计，2011 年我国城镇人口达到 6.91 亿，城镇化率超过 50%。但实际而言，其中约 2 亿农民工虽然已经进入城镇并被列为城镇人口，却未能真正实现市民化。中国社科院城市发展与环境研究所发布的《中国城市发展报告（2012）》蓝皮书指出，中国城镇化下一步面临的将是如何提高城镇化质量和大量流动人口真正融入城市的问题。据蓝皮书测算，今后 20 年，中国仍有 2 亿多农民需要转移到城镇就业和居住，再加上近年来已进入城镇但还没完全市民化的农民，未来全国将有 4 亿—5 亿农民需要实现市民化。据初步测算，仅解决社会保障和公共服务，农民市民化成本至少人均 10 万元。在未来 20 年内，要将 4 亿—5 亿进城农民完全市民化，至少需要投入 40 万亿—50 万亿元的巨额资金①。

2. 传统的以地方政府为主导的融资模式存在局限性。

目前，我国传统的城镇化融资模式主要有以下四种形式：地方政府为主体的地方税和中央转移支付、地方政府的土地出让金收入、地方政府控制的投融资平台以及中央代发地方债。这些传统的融资模式由于各自的局限性，难以为未来我国的城镇化提供持续的、充足的资金供给。

首先，地方税收和中央转移支付不能满足地方城镇化过程中公共产品和服务的提供。1994 年分税制改革之后，财权上收和事权下移导致地方财政出现困难，严重依赖中央的转移支付，2012 年中央财政对地方的税收返还和转移支付达 45361.68 亿元，相当于地方财政支出的 42.4%。但是，根据有关统计资料，中央财政资金在地方城市建设投入中的占比很小，2009 年全国城市维护建设资金收入中中央财政拨款占 1.6%（如图 1 所示）。

其次，土地财政融资模式可持续性差。土地财政是指地方政府依靠出让土地使用权的收入（即土地出让金）来维持地方财政支出。作为地方政府预算外收入的主要来源，土地出让金收入已经成为我国城镇化过程中最重要的融资形式。2009 年土地出让金收入占城市维护建设资金收入的比例达到 39.2%。但是，土

---

① http://biz.cn.yahoo.com/ypen/20120815/1251949.html。

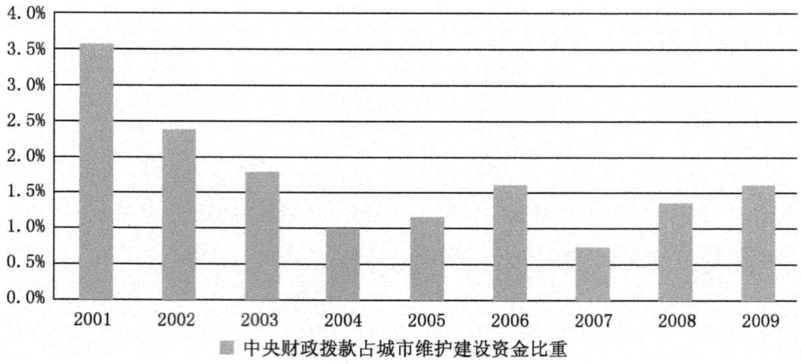

图 1　中央财政拨款占城市维护建设资金比重

资料来源：根据《中国建设统计年鉴》编制。

地融资存在很多问题，且其弊端近年来日益突出，主要表现在：土地资源是有限的稀缺资源，一次性的土地批租收入不具有可持续性，并助长了地方政府“政绩”激励下的短期行为；地方政府通过推高地价获得城镇化建设资金的同时也推高了房价，当前中央政府对房地产行业的调控使地方政府土地收入大幅度缩减；保障房建设需要地方政府配套大量资金，而这些资金也主要来自土地出让收入，由此导致地方政府城镇化资金缺口进一步加大。

第三，地方融资平台面临较大债务风险隐患。地方融资平台作为有政府背景的市场主体，通过盘活土地资源、国企资源和城市无形资产，为地方城镇化筹集了大量建设资金。但是，无论从微观的风险角度还是从整个经济运行角度来看，地方融资平台的融资行为都存在较大的风险隐患：一是融资主体的设立与运作不规范，公司治理结构不合理。事前审批、事中操作和事后监督没有形成一套统一、规范的约束，管理人员相当部分由官员担任，缺乏必要的市场经营和企业管理经验及风险防范意识。二是融资状况不透明，责任主体模糊，一旦破产，地方政府乃至中央政府将成为最终买单人①；三是信用膨胀、负债率高。根据国家统计署的审计报告，截至 2013 年 6 月底，全国地方政府负有偿还责任的债务 108859.17 亿元。其中，地方融资平台公司作为举债主体，举借 40755.54 亿元负有偿还责任的债务。由于融资平台可融资的金额没有明确约束，一些地方政府出于各种目的，极力扩大融资量，甚至不考虑自身还款能力，导致融资规模巨

① 马庆斌、刘诚，“中国城镇化融资的现状与政策创新”，《中国市场》2012 年第 16 期。

大，超出当地政府的实际承受能力。

第四，地方债发行规模有限，短期内不宜大规模推广。2009年和2010年，中央分别代发地方债2000亿元，2011年，上海、浙江等四省市开展地方自行发债试点。但由于目前我国地方政府融资平台债务高企，再加上修订的预算法仍没有放开地方自行融资权，地方债的试点范围和规模有限，难以弥补城镇化的资金缺口。

由上述分析可以看出，巨大资金需求与传统融资模式融资不足之间的矛盾是我国未来城镇化发展中面临的首要问题。因此，积极探索多元化的融资渠道，利用PPP模式引入民间资本，不失为缓解此矛盾的有效途径。

（二）提高城镇化过程中公共产品和服务的供给效率

在基础设施、公用事业和公共服务领域，以政府为单一主体的供给和管理模式在运行机制方面存在不足，导致公共产品和服务的供给效率低下，主要表现在以下几个方面：

1. 城市公共设施内部投资结构不协调。

在城市公共设施行业内部，政府的资金分配比例不合理，道路桥梁等基础设施投资占较大比重，而市容环境卫生和园林绿化等占比较小。2009年，全国道路桥梁资金支出占城建维护与建设支出的比重为38.9%，市容环境卫生与园林绿化支出分别占总支出的4.6%和8.4%。

2. 资源浪费严重。

首先，由于缺乏长远的统筹规划，各地政府在城镇化过程中进行了大量重复建设和盲目建设，造成基础设施供给不足与基础设施利用不充分的现象同时存在。有的地方甚至建设实用性不强的形象工程，造成资源的严重浪费。其次，有的项目建设质量不达标，难以达到正常的使用要求，甚至出现很多“豆腐渣”工程，常常需要返建或返修，因此又带来了巨大的资金浪费。

3. 项目建设周期过长。

城市政府在制定预算时普遍低估项目预算，往往只考虑主体工程，而没有考虑相应的配套资金，从而使许多在建工程由于缺乏资金而延期建成。有些地方政府甚至为了制造建设繁荣的假象，人为拉长建设战线和周期，既损坏了政府形象、造成政府信用缺失，也由于资金周转效率低而影响其他项目的开展①。

在 PPP 管理模式中，政府公共部门和民营部门在合理分工、优势互补的基础上进行合作，民营部门更多地负责项目和服务的具体生产与经营，政府公共部门主要负责项目和服务标准的制定以及生产经营过程的监督。因此，在城市基础设施、公用事业和公共服务提供过程中，利用 PPP 模式积极引入民营部门参与，不仅可以吸引民间资本，还可以利用民营部门先进的技术和灵活高效的管理机制，提高城镇化过程中公共产品和服务的供给效率和质量，更好地满足居民日益提高的个性化要求。

（三）分散城镇化进程中城市公共设施供给的整体风险

在城镇化发展过程中，基础设施、公用事业和公共服务由于其投入巨大、影响范围广泛等原因，其生产与经营过程存在着诸多风险。整体上看，这些风险可以分为系统性风险和非系统性风险。

系统性风险，是指在项目实施和服务提供过程中，由超出可控范围的政治、自然和经济环境而遭受损失的风险，其贯穿于整个项目的生命周期，具体包括政治风险、经济风险、法律风险和不可抗力风险。政治风险是指由于政局不稳或国家政策不连贯而对公共产品和服务提供造成的风险。经济风险具体包括汇率风险、利率风险、资本风险和通货膨胀风险。法律风险是指由于现行法律不完善或法律变更而引起的项目建设或服务提供不能按时完工或成本增加以及合同实施出现争议时无法依靠法律解决的风险。不可抗力风险是指由于自然与环境因素引发，项目或服务的参与方不能预见且无法克服及避免而造成损失的可能性，如自然灾害、战争等。

非系统性风险，是指项目建设运营和服务提供过程中出现的可控风险，包括信用风险、完工风险、技术风险、经营管理风险、市场风险及环境保护风险等。信用风险是指项目或服务的参与方或直接利益相关者不能履行其相关职责而对项目或服务供给造成损失的可能性。完工风险是指项目无法按时完工、延期完工或者完工后无法达到预期标准而带来损失的可能性。经营管理风险是指投资者或经营者由于决策失误和经营管理不善造成公共设施融资遭到延误或失败、建设阶段

① 仝晓烈，“城市基础设施投资效率问题”，《商场现代化》，2012 年 2 月（下旬刊）总第 675 期。

无法达到质量标准而造成损失的风险。市场风险是指在一定成本水平下不能按计划保证公共产品和服务的质量与数量，以及由市场需求与价格波动带来的风险。环境保护风险是指由于没有遵循环保法规要求，造成项目延误、诉讼或惩罚等引起增加新资产或迫使项目停产的可能性。

城镇化过程中，基础设施、公用事业、公共服务等城市公共设施的提供面临着如上所述的诸多风险，这些风险如果由政府公共部门独自承担，必将加大政府公共部门的压力和负担，甚至导致地方公共部门的破产。所以，利用 PPP 模式引入民营部门参与城市公共产品和服务的供给，通过科学的风险分担制度安排，可以将不同风险分配给最有能力承受此风险的一方，从而分散和降低项目和服务的整体风险。

四、当前我国 PPP 项目基本情况及存在问题

我国 PPP 项目早在上世纪 90 年代初就开始实施，目前已经有 20 年历史，为我国基础设施建设提供了大量资金的同时，也促进了管理技术的提高。本部分将重点阐述我国 PPP 项目实施的现状及存在的突出问题。

（一）PPP 项目的基本情况

1. PPP 项目的数量。

我国 PPP 项目早在 1990 年就开始实施，截至 2011 年，据亚行的不完全统计共有 1018 个项目采用 PPP 模式（如图 2 所示）。1990 年仅有 1 个项目采用 PPP 模式，1992 年仅仅有 2 个项目，到了 1997 年达到 70 个项目采用 PPP 模式，2002—2008 年间一直保持较高水平。2007 年最多，一年高达 103 年项目采用了 PPP 模式。

2. PPP 项目的价值。

自 1990 年至 2011 年，我国 PPP 项目总价值为 1164 亿美元。1997 年为最大的一年，2003、2005、2006 和 2007 均保持一个较高的价值水平。这与 2003 年十六届三中全会提出公用事业引入民营资本的决定有关。见图 3。

3. PPP 项目的分布

我国的 PPP 项目从数量来看，主要分布在三个领域，一是能源 409 个项目，

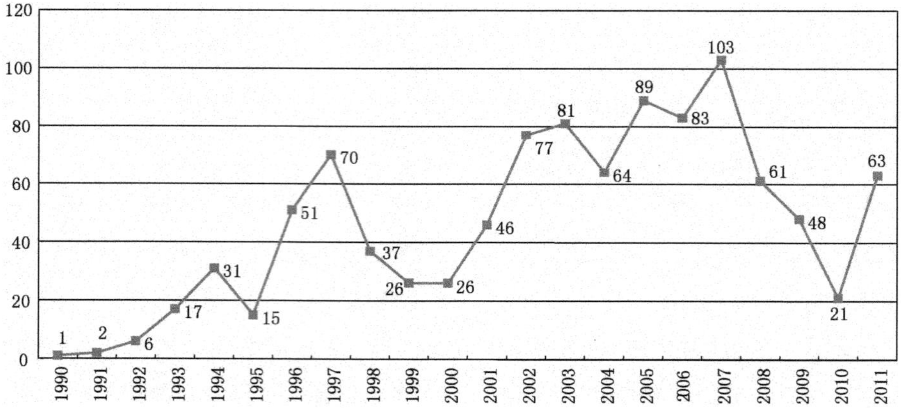

图 2　1990—2011 年历年 PPP 项目数量

数据来源：亚行报告。

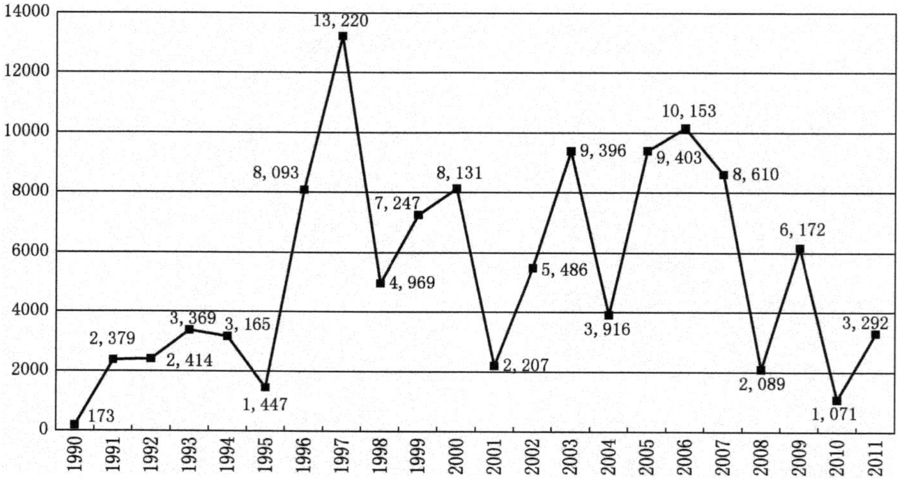

图 3　1990—2011 年历年 PPP 项目价值

数据来源：亚行报告。

占 40%；二是水务和污水处理有 375 个项目，占 37%；三是交通运输有 230 个项目，占 23%。通信仅仅有 4 个项目。见图 4。

我国 PPP 项目从价值分布来看，主要集中在四个领域，一是交通运输占 43%；二是能源项目占 37%；三是通信项目，虽然只有 4 个项目，但项目价值占 12%；四是水务和污水处理占 8%。见图 5。

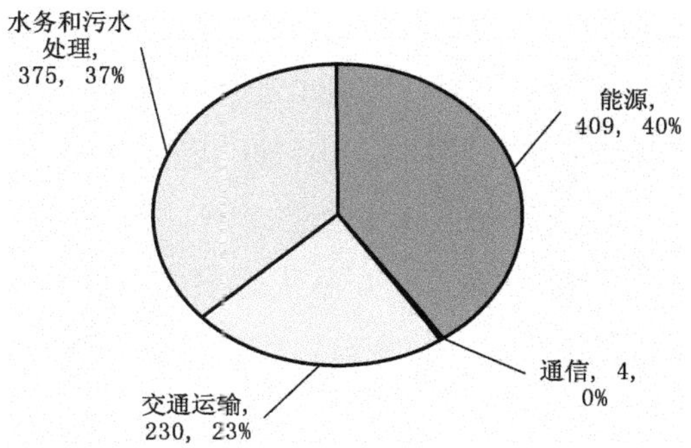

图 4　1990—2011 年 PPP 项目数量分布图

数据来源：亚行报告。

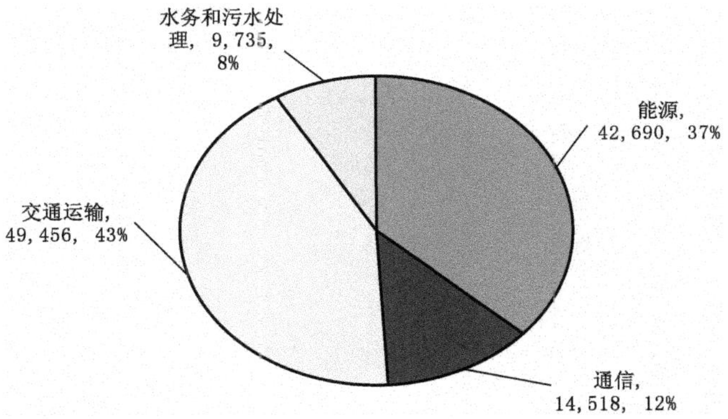

图 5　1990—2011 年 PPP 项目价值分布图

数据来源：亚行报告。

（二）存在主要问题

我国早在上世纪末就有通过 PPP 模式建设基础设施的项目，至目前已经在多个领域采用了该模式。虽然通过 PPP 模式解决了基础设施和市政建设在融资方面的问题，取得了成效，但存在的问题也是非常突出的，主要有以下几个方面：

1. 风险转移的目标没有充分实现。

我国开展的 PPP 项目，很多经营性项目都有财政补贴，虽然名义上是采用了 PPP 模式，但并没有将经营风险完全转移，让民营部门（私人部门）承担，政府在许多项目中负责“兜底”，实质上承担了最终的风险。

2. 项目运营周期较短。

当前我国实施的一些 PPP 项目（如 BT 项目）运营期通常只有 3—5 年，不仅没有解决政府财政融资问题，相反被私营部门增加了一部分成本，例如一些地方通过 PPP 建设的城市环线，通常建成之后政府付费 40%，接下来连续两年每年再付 30%。由于企业融资成本一般会高于政府融资成本，所以，这样不仅没有发挥财政资金的杠杆作用，最终还会成为政府一个重要的债务来源。这与采用 PPP 的初衷是不一致的。

3. 项目多集中在用户付费项目。

PPP 的核心理念之一就是解决财政资金困难问题，在用户付费项目中，完全可能通过使用者付费来解决问题，这类项目完全可以通过市场化方式解决。例如污水处理、保障性住房中的公共租赁房等项目完全可以通过向使用者收费解决项目前期投资，无需政府投资。

4. 财政部门监督和约束力弱。

我国 PPP 项目一般由各部门安排，与财政没有必然联系，在需要融资时还要求财政部门出“安慰函”。这与国际货币基金组织强调在 PPP 项目中财政部门有一票否决权是不一致的。

总之，如果我们不对当前使用的 PPP 模式及时规范、加强监督和有效控制，必然会给地方政府带来严重的债务危机。

五、积极利用 PPP 推进我国城镇化发展

（一）把 PPP 运用作为政府财政改革的一个突破口

随着财政支出管理改革的深化，公共财政支出体系不断调整和完善，社会公共产品与服务的供给能力不断增强，财政“公共性”特征日益突出。同时，随着政府职能的逐步转变和市场在资源配置中作用的增强，财政职能和支出保障范围也相应调整优化。财政工作坚持以人为本，深入贯彻落实科学发展观，着力建立保障和改善民生的长效机制，公共支出功能不断强化，以支出结构优化重点保证公共服务领域的支出需要。

由于社会、经济快速发展，特别是城镇化进程的加快，人们对公共产品服务

的需求呈现不断壮大趋势，必然要求政府提供更多、更好的公共产品和服务，政府仅仅依靠财政收入根本无法满足人们这种快速增长的需求，所以就需要一种新的投入机制来提高政府提供公共产品和服务的能力。

（二）界定城镇化建设中可以利用PPP的具体领域及优先领域

由于PPP模式的多样性与灵活性，城镇化过程凡是涉及到需要政府投资的领域基本上都可以采用PPP模式。城镇化是一个历史过程，也是一项系统工程。城镇公共设施，是城镇化的基础，为社会生产和居民生活提供必要条件，直接参与各行各业的物质生产和社会生活全过程。发展经济学家常使用“社会间接资本”作为公共设施的同义词，以强调其基础性和先行性。城镇公共设施，是指为企业生产和居民生活提供基本条件、保障城市存在和发展的各种工程和服务的总称。从提供产品的物质形态来看，城镇公共设施可分为技术性基础设施和社会性基础设施。

技术性基础设施主要是指有形的公共产品，包括市政工程设施和公用事业。通常所讲的基础设施主要指市政工程设施，具体包括市内道路、公交路线（机动车线路和地铁、轻轨线路等）、交通干道设施、地下地面各类管道、桥梁、隧道灯。公用事业，主要包括环境保护、环境安全；公共旅客运输；自来水、电力、煤气、热力的生产、分配和供应；污水、雨水排放；垃圾处理；文化体育场所、娱乐场所、公园；房屋修缮、邮政通讯等。

社会性基础设施，是指通过国家权力介入或公共资源投入为满足公民的社会性直接需求所提供的公共服务，包括就业服务、养老、住房保障、教育、文化、卫生、医疗、环境保护、科普等诸多方面。公共服务包括的范围较广，层次也有高有低。其中，基本公共服务是指建立在一定社会共识的基础上，根据一国经济社会发展阶段和总体水平，为维持本国经济社会的稳定、基本的社会正义和凝聚力，保护个人最基本的生产权和发展权，为实现人的全面发展所需要的基本社会条件。基本公共服务主要有以下三个方面：一是保障人类基本生存权的基本就业服务、基本养老、基本住房保障；二是满足基本发展权需要的义务教育和文化服务；三是满足基本健康需要的公共卫生和基本医疗保障。

在PPP项目的优先安排方面，可以先从一些具有较好经济效益的项目开始，例如可收费的高速公路、自来水、轨道交通等，随着条件的成熟，可逐渐发展到一些非收费项目。

（三）在城镇化发展中积极运用 PPP 的总体思路与路径安排

城镇化离不开基础设施的投资，而基础设施投资仅仅依靠财政资金是远不够的，从国际经验看，通过 PPP 模式建设基础设施是一个成熟的模式，基于 PPP 模式的复杂性，这个复杂性主要是指一个拟采用 PPP 的项目必然涉及多方利益，如公众利益、投资者利益、公共部门利益等，如何协调三方利益是成功实施 PPP 的关键。因此，要想成功实施 PPP 模式，必然需要建立一个较为行之有效的保障机制。

如果在城镇化中广泛采用 PPP 模式，离开严格管理是很难实现的，可以说管理是成功实施 PPP 的基础。从英国、澳大利亚等国家推广 PPP 的经验看，政府应通过设立相应的管理部门来加强对 PPP 项目的管理。英国是由设立在财政部下的基础设施局负责 PPP 项目的实施的，该局负责出台 PPP 的政策、法规，同时也对基础设施项目进行审批，决定是否采用 PPP 模式。为了加强 PPP 项目管理，我们认为，应在财政部设立或委托相关部门承担 PPP 项目的管理职能。管理职能应包括：制订 PPP 项目相关政策、实施指南、项目决策、评估、发布项目信息、监督管理等。政府管理机构除了同企业共同做好前期规划设计、规定服务标准外，还应事先规定动态调整的定价或补贴政策，并监督企业运营项目的质量和履行好维护设施能力的承诺。

制订完善的法律、法规是私营部门资本进入基础设施的保障。基础设施不仅投入大，而且期限长，私营部门资本在进入这样的项目时会考虑进入后的风险，如果没有相应的法律、法规作为保障，就会成为他们进入基础设施的一个障碍。由于 PPP 涉及面较为广泛，建议应由全国人大制订私营部门资本进入基础设施法，以提高社会资本参与基础设施的积极性，进而推动我国 PPP 项目的发展。

PPP 项目需要多方面的政策支持，如财政、税收、金融等，对于采用 PPP 模式的项目应当给予相应的政策支持，只有明确的政策支持，才能吸引更多私营部门的资金投入到基础设施项目。一个 PPP 项目都有一个较长的周期，不同的时期会需要不同的政策支持，如一个基础设施项目在建设期、运营期和转让期都分别需要不同的税收政策给予相应的支持。

在实践方面，可以首先选择一些经济条件较好的地区开展，一方面这些地区的民营经济较为发达，能为项目提供充分的资金支持；另一方面，经济发达地区对基础设施的需求通常也较大。

我国 PPP 应用虽然也有一段时间，但从采用效果看，还存在诸多问题，为了更好发挥 PPP 模式在我国城镇化进程中的促进作用，我们应当积极借鉴世界各国经验，不断完善我们的相关法规政策，同时也需要借助世界金融机构的宝贵经验，如世界银行在 PPP 方面已经积累了相当多的宝贵经验与成果，目前亚洲开发银行在积极推广 PPP 模式，我们应不断加强与他们广泛的合作，积极借鉴、吸收他们已经取得的宝贵经验与成果，让这些成果成功运用到我们所要采用的 PPP 模式当中，以提高 PPP 模式的成功率，有效促进城镇化进程。

主要参考文献：

1. 贾康、孙洁：《公私伙伴关系（PPP）的概念、起源、特征与功能》，《财政研究》2009 年第 10 期。

2. 刘尚希：《我国城镇化对财政体制的“五大挑战”及对策思路》，《地方财政研究》2012 年第 4 期。

3. 傅志华、刘保军、赵大全：《城镇化建设的两大突出问题：半城镇化人口与土地使用》，《地方财政研究》2012 年第 4 期。

4. 石英华：《公共财政支持新型城镇化的有效推进》，《新理财．湖南财政》2013 年第 5 期。

财政部财政科学研究所区域财政研究室课题组

课 题 指 导： 刘尚希

课题负责人： 傅志华　刘德雄　石英华

课题组成员： 傅志华　刘保军　刘德雄　石英华

李三秀　王向阳　赵大全　孙　洁

本报告执笔： 石英华　孙　洁

政府与市场之间的桥梁：德国政策性金融机制的功能作用及其启示

——以德国巴伐利亚建设融资促进银行为例

财政部财政科学研究所赴德培训考察团

2013 年 10 月 13 日至 11 月 2 日，财政部财政科学研究所《欧盟财政政策与货币政策协调机制研究》培训团赴德国进行为期 21 天的培训。期间，培训团考察了德国巴伐利亚建设融资促进银行，对德国的政策性金融机构运行机制进行了充分的了解。本文将对巴伐利亚州政策性金融机构的基本情况进行介绍，重点分析政府对政策性金融机构的扶持政策，以及政策性金融机构在政府和市场之间的桥梁作用，以期对中国政策性金融机构的发展有所借鉴。

一、政策性金融机构的功能定位

德国的银行体系为“三支柱架构”。所谓三支柱，是指德国银行的主体部分由私人银行、公立银行和合作银行三大支柱构成。德国私人银行指的是由私人投资者出资发起的银行；德国的公立银行又分为州立银行和储蓄银行；德国合作银行在历史演变中，逐渐形成 DZ-Bank，WGZ-Bank 体系，它们和其成员银行一道，组成合作银行体系。三大支柱之外的“其他银行”主要是指一些业务功能相对专业的银行，包括不动产信贷银行、房产存贷银行、特定功能银行、专业投资银行等，见表1[①]。德国的银行体系培育了大批“全能银行”，在强调市场导向的同时，其中的某些特定功能银行的作用不容忽视，尤其在应对2008年的金融危机中发挥了重要的作用。这种特定功能银行主要就是指那些负有促进公共经济发展与开发等特殊任务的银行，也就是我们通常所说的政策性银行（RichardDeeg，2002）。

表1　　　　德国银行体系分类示意

<table>
<tr><td colspan="5">德国银行体系</td></tr>
<tr><td colspan="4">主体：三支柱</td><td>其他银行</td></tr>
<tr><td rowspan="2">私人银行</td><td colspan="2">公立银行</td><td>合作社银行</td><td rowspan="2">包括不动产信贷银行、房产存贷银行、特定功能银行、投资银行等</td></tr>
<tr><td>州立银行</td><td>储蓄银行</td><td>DZ-Bank，WGZ-Bank 及其成员银行</td></tr>
</table>

在欧美各主要发达国家中，德国的政策性银行体系是较为发达的，共分为两个层面：一是国家层面的政策性机构，如德国复兴信贷银行（KFW）和德国农业地产抵押银行（RENTENBANK）；另一个层面是各州的政策性金融机构。德国目前的16个州中，大多数拥有自己的政策性银行，如巴伐利亚建设融资促进银行以及北威州银行（NRWBANK）等。总体来说，政策性金融机构具有以下特点：

（一）依法创立

德国的政策性金融机构都是根据相关法律设立，银行必须承担政府指定的任务，为全国或全州经济开发和发展提供信贷服务，并必须接受政府和联邦金融监管局的双重监管。

（二）不参与市场竞争

政策性金融机构由政府创立、参股或保证，其业务范围必须是商业性金融机构因无利可图不愿意做，或自身能力不及而做不了的业务（补充性原则）。由于政策性金融机构有政府支持，享受政府的优惠政策，在金融市场上就必须保持中

① 《金融危机冲击下的德国银行体系》，中华人民共和国商务部网站。

立，不能与商业性金融机构竞争，否则就违背了平等竞争的中立原则。

（三）与商业银行合作，充分利用商业银行的信息优势

在实际操作中，政策性金融机构基本不与企业直接发生联系，而是通过与企业的开户商业银行合作，充分利用商业银行的信息优势，对企业进行风险评估，通过商业银行转贷给借款人。

（四）增强分担风险

德国政府之所以通过政策性金融机构与商业银行的合作向中小企业提供融资贷款，其关键在于政府尤其是中央政府并不了解企业的具体经营状况和信誉状况，即使是政策性金融机构也无法做到周详细致的了解，但作为企业开户银行的商业银行对企业实际情况的了解具有天然的优势。因此，通过政策性金融机构与商业银行之间中立和互补性的合作，实际上建立了一种风险分担机制，达到通过几道“防火墙”来共同保障政府资金使用的安全性、有效性。

（五）实现企业、银行和政府的三赢

德国的政策性金融机构作为一种弥补市场缺陷、促进经济与社会发展的金融形式而广泛存在，经过多年的发展，已经成为现代金融体系不可或缺的组成部分。在应对2008年的金融危机中，德国的政策性金融机构几乎没有受到任何影响，德国也成为欧洲最大的经济体，实现了企业、银行和政府的三赢。

二、政策性金融机构与政府的关系

德国政策性金融机构的运行机制决定了其具备两个最突出的特征：一是国家信用；二是财政支持。本文以巴伐利亚建设融资促进银行为例，分析政府给予德国政策性金融机构的扶持政策。

（一）政府为政策性金融机构提供资本金和补充机制

巴伐利亚建设融资促进银行（LfA Förderbank Bayern，以下简称LFA）是巴伐利亚州政府1951年依据《德国银行法》（KWG）成立的政策性金融机构，股

本为3.68亿欧元。该机构的银行业务受联邦金融监管局监管，相关法律问题接受巴州财政部监管。所有的LFA融资安排及支付都需要通过商业银行完成，并遵循竞争中立和辅助性的原则最大限度为企业提供服务。成立以来，银行提供了近37万次商业贷款，总授信额度超过560亿欧元。仅2012年，LFA大约为5400家公司提供了融资，贷款总额约25亿欧元，创造了大约6100个新的工作，未来将创造156000多个工作岗位①。

LFA的注册资金来自于联邦政府和巴州政府，其中，联邦政府通过复兴信贷银行（KfW）向LFA注资；巴州政府则直接向LFA注资。该机构实现利润后将上交巴州政府，巴州政府据此向LFA再次拨款，用以补充资金。见图1。

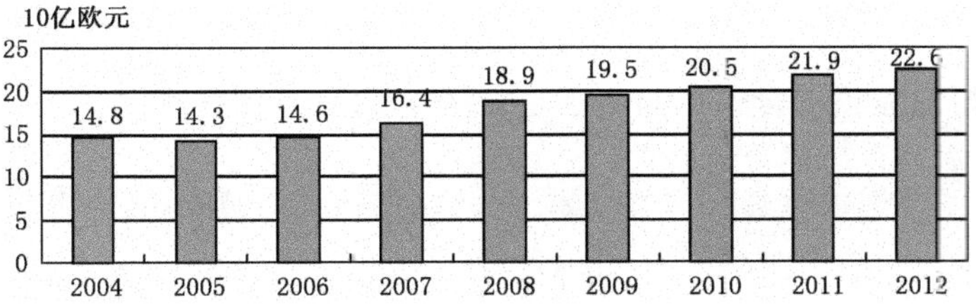

图1　2004—2012年LFA的总资本发展情况

（二）直接为政策性金融机构提供政府担保

巴伐利亚州政府为LFA承担的所有已存在的和未来的债务提供担保，包括借入资金、发行债券、衍生产品交易，及为第三方提供担保再担保，从而使LFA解除后顾之忧，可以帮助更多的中小企业。

（三）政府给予政策性金融机构诸多财税优惠政策

联邦政府和州政府都给予LFA税收优惠政策，LFA被免于公司所得税。同时，德国联邦政府和州政府从每年预算中划拨贴息资金，以保证LFA对促进性项目提供低利率贷款。在其发生财务困难时以提供资金或其他方式给予必要支持。

---

① 资料来源：www.lfa.de。

（四）政策性金融机构为州以下地方政府的基础设施融资

LFA 在设立之初，其基本职能之一即是为州以下的地方政府的基础设施融资，从而有效的化解了地方政府的债务风险。

三、政策性金融机构与市场的关系

根据相关法律，政策性金融机构也必须承担政府指定的任务，不与一般的商业银行竞争，而是通过与商业银行合作实现政府对企业的财政支持，从而成为政府和市场之间的桥梁。

（一）与商业银行合作，为中小企业提供长期优惠贷款

德国联邦和州政府在帮助企业摆脱金融危机的影响、帮助年轻人创业（新办企业）、支持老企业创新以及实施政府产业调整目标等方面，给予了诸多的财政扶持政策。但通常，这种扶持政策并不是由政府出面，直接面对企业，而是通过政策性银行及其与商业银行（企业的开户行）的合作，通过政策性金融机构的融资机制，为中小企业提供长期的优惠贷款。

在联邦政府和巴伐利亚州政府的财政支持下，LFA 对企业的建立、新产品开发、环保项目等提供长期低息贷款，贷款期限一般最长为 10 年（特殊情况也可选择 15 年），贷款利率一般要低于商业贷款利率 2 到 3 个百分点。通常，LFA 并不直接面向企业，企业需要通过其开户行向 LFA 进行申请，LFA 在经过审核后，再通过开户行向企业发放贷款，具体程序如图 2 所示。

具体的贷款和担保程序看，申请程序简单易行，一般可从互联网下载或向当地工商会、地区政府索要申请表格，贷款额度不超过 25 万欧元的不予风险评估，可直接提供贷款，整个程序 5 天内可完成。

（二）为企业申请商业贷款提供政府担保

LFA 为工业和服务业领域的企业提供担保，担保最高比例为贷款额的 80%，担保额最低为 500 万欧元，担保期限可长达 15 年；新成立企业、收购现有的已关闭或即将关闭企业，以及拯救危困企业时，可申请该担保；另外，也为行业性

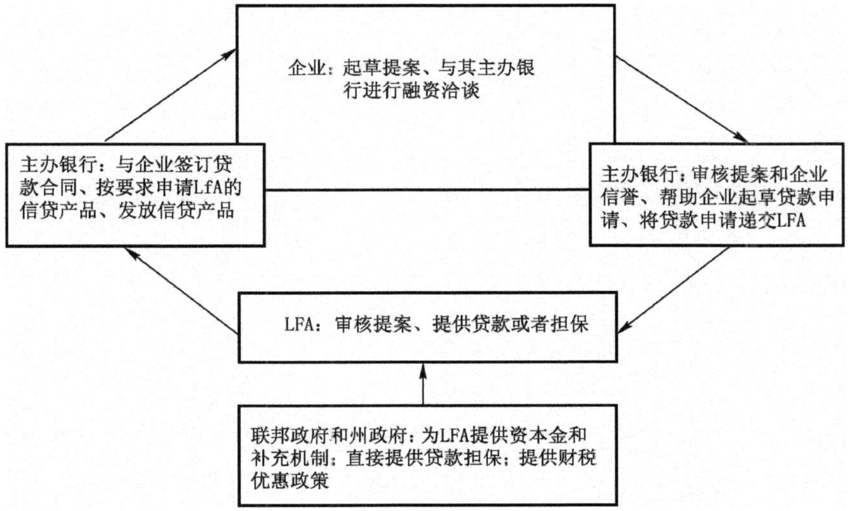

图 2　政策性金融机构构建政府和市场之间的桥梁的示意图

贷款担保机构提供再担保。

（三）以参股的形式直接对企业进行融资

LFA 开辟了直接对企业融资的渠道，成立了两家子公司，其中巴伐利亚参股有限公司通过收购企业股份进行投资，鼓励创建新企业、进行技术革新或业务扩展，投资额最低为 5 万欧元，上限为 500 万欧元，巴伐利亚风险资本投资公司对创新型中小企业的筹组、产品开发以及市场开发阶段进行融资。上述两公司一般作为静止股东入股，不参与企业的经营管理。

四、启　示

通过考察德国的政策性金融机构体系，结合我国的国情，我们可以得到以下启示：

（一）"两只手"的结合要有机制

政府和市场，被形象地称为"有形之手"和"无形之手"。但不论是"有形之手"还是"无形之手"，都不是完美无缺的，都有内在的缺陷，"失灵"对二者来说是客观存在的。因此，如何实现政府和市场的平衡，寻求有形和无形之手的巧妙有机结合点，也是我国下一步深化经济体制改革的关键。

事实上，政府与市场的平衡，就如同一根杠杆，找准平衡点，就可以实现杠杆两端的平衡。而所谓的平衡点，即是一种“中立”机制的构建，既不参与市场竞争，又不受政府意志控制。如德国政府在中小企业融资机制中通过扶持政策性机构，使政策性银行成为政府和市场的桥梁，实现有形之手和无形之手巧妙结合，顺利地渡过金融危机风暴。

（二）政府不宜直接介入市场

一直以来，我们政府习惯于“亲力亲为、赤膊上阵”直接干预经济的方式，比如当前中央和地方政府都出台诸多支持经济发展的政策，其中有大量面对企业的专项资金，都由政府（财政）参与审核发放直接面向企业，这种大包大揽的做法，其真正的效果往往与政策的初衷相悖。一方面，使政府承担了大量的标准审核等本应由市场承担的职责，所选取的支持对象往往并不可靠；另一方面为一些地方政府腐败寻租提供了机会，极易造成不公平现象。另外，这种赤裸裸的直接给企业财政补贴的方式，还带来了国际贸易中的“反补贴”口实。因此，将属于市场的职能还给市场，充分发挥市场的决定性作用，通过诸如政策性金融机构等多种机制在政府和市场之间建起沟通的桥梁，往往达到事半功倍的效果。

（三）面对地方债务风险，应通过建立地方融资机制来化解

作为政府与市场之间的桥梁，政策性金融不可或缺。德国经济社会的发展与不以盈利为目的，不予商业银行竞争，充当市场的补充作用的政策性金融机构的构建和良好运行密不可分。目前，我国正处于经济下行压力加大和经济转型时期，地方债务风险加大，政策性金融战略引领作用和金融资源配置作用不可替代。可以考虑借鉴德国政策性金融机构的做法，在国家层面和地方层面充分发挥政策性金融机构的作用，发挥其政府与市场之间的桥梁作用，通过建立地方融资机制化解地方债务风险。

（四）给予政策性金融机构法律依据和政策支持。

德国政策性金融机构的健康发展，离不开明确的法律地位保障和国家担保、

免税待遇、财政支持等优惠政策。借鉴国际经验，我国亟需建立与政策性金融机构相适应的法律框架，完善其资本金的补充机制，给予国家信用担保等方式，继续发挥其优势和作用，完善金融生态。同时建立相应的监管和绩效评价标准，引导政策性金融机构更好地服务于国家战略和政府目标。

财政部财政科学研究所赴德培训考察团

执笔人：刘尚希　邢　丽

新型城镇化需要算好几笔账

赵 大 全

基础设施是城镇化的物质基础和空间平台，公共服务是城镇化的核心要素与品质体现。城镇是公共产品供给的最集中区域，离开了公共产品，城镇化就成为空中楼阁。一定意义上而言，新型城镇化的核心是钱的问题，也即公共产品的成本及其分摊问题。做好新型城镇化的成本核算与成本分摊就需要算好几笔账：既要算大账，又要算小账；既要算总账，又要算细账。而且，还要算好明白账。可以说，算好这几笔账，是新型城镇化战略对财政提出的必然要求。

一要算大账。财政作为公共产品和公共服务的提供者要想切实承担起新型城镇化建设中应有的责任，就必须发挥好财政的算账这一基本职能。财政的算账既有一般意义上的成本与收益的核算，即所谓的要算经济账，又有超出经济账之上的政治账，也就是要善于算大账。要算大账，就要算清楚新型城镇化对当前和长远是利还是弊的问题。当前新型城镇化战略的提出与我国目前经济社会发展面临一系列的困境密切相关，我国目前经济增速明显下滑，外需严重不足，投资拉动效果大打折扣，房价居高不下，地方债风险加剧，贫富分化日趋明显。面对这些难题，我们寄希望通过新型城镇化战略作为拉动经济增长，提高投资效率，缩小贫富分化的关键举措，进而成为新时期促进经济社会发展的最大红利。然而，新型城镇化战略尽管在一定程度上可以实现上述目标，但是从根本上说，新型城镇化是一种还账行为，中短期只能是一种负担，而很难成为红利。我国三十多年来经济的飞速发展是建立在庞大农业转移人口辛勤劳动的基础上的，尤其是与几亿农民工几十年来的巨大奉献不无关系。新型城镇化首先就要解决这几亿农民工的半城市化问题，而要解决这一难题，就必须解决农民工及其子女的教育、医疗、就业、住房以及增加的城镇基础设施等问题，国家财政必然面对天文数字般的成本压力。尤其是在房价居高不下的情况下，农民工进城的成本大大提高，解决相对贫困的农民工市民化问题，实质就是穷人进城的问题。因此，在我们分享新型城镇化红利之前，必须解决天文数字般的城镇化成本问题。

正如前文所述，当前我国经济发展面临一系列难题和经济下行风险，在这种情况下，新型城镇化所需资金的筹集难度大大增加。这是我们不得不首先需要考虑的现实问题。新型城镇化对当前和今后相当长一段时期而言，本质上是负担而不是红利。如果从长远来看，则是最大的红利。因为城镇化率的提高意味着农民的减少，农民的富裕必然要走减少农民的路子，相对贫困的农村人口的减少和较为富裕的城镇人口的增加，就意味着贫富差距的缩小与小康社会建设的逐步实现。同时，城镇化率的提高也意味着劳动生产率的提高，因为城镇化以要素集约和聚集为特征的，要素的集约与聚集意味着要素的利用效率提高和经济效率的提升，与此同时，劳动者随着交往和学习机会的增加，其素质也会大大提高，其创新的动力和潜力也会得到很大程度的激发，这些都会提高全社会的劳动生产率，不断促进社会进步。

二要算总账。算总账的目的是要做到心中有数。对新型城镇化而言，财政需要算的总账至少有以下几个方面：一是我国城镇化率的峰值及其进度；二是大中小城市的布局；三是全国一盘棋。

首先，从我国城镇化率的峰值及其进度问题来看，关系到总成本核算和每年成本分摊的问题。发达国家城镇化率比较高，最高的达到 90% 以上，而我国由于庞大的人口规模，多山的地貌特征并由此决定的小农经济，我国的国情决定了我国城镇化率不会太高，笔者认为峰值区间应该在 70%—75% 之间，与此类似，我国城市化进程也会表现出有别于发达国家的规律，即我国未来 10—20 年的城镇化率与前 10 年相比会逐步慢下来，而不是发达国家城市化率过半后仍以较快速度增长。原因在于过去 10 年，由于我国紧紧抓着了全球化带动的出口拉动以及房地产市场的持续升温带动的投资拉动这两大机遇，实现了经济的飞速发展和城镇化的突飞猛进，而未来 10-20 年还看不出类似的机遇和推力。因此，我们在推进新型城镇化战略的过程中，要尊重客观规律，不能人为的强行推进，否则财政不堪重负，结果必将适得其反，欲速不达。另外，城镇化的进度决定了基础设施建设的进度，而基础设施建设又牵涉到代际公平问题，相应地可以确定负债的规模和比例。

其次，从新型城镇化大中小城市布局的路径选择来看，不同的路径选择决定了城镇化的成本高低。从现实来看，我们既不能完全走德国等以小城镇为主的路子，也不能走日本以特大城市为主的路子，而要协调好大中小城市的布局。

最后，要有全国一盘棋的观念。新型城镇化牵涉到人口的空间布局问题。我国的国情是耕地、人口、工业、城市等主要集中在东部，西部广大地区地广人稀，这就是黑河腾冲线（胡焕庸线）所揭示的客观规律。面对这种国情，新型城市化战略需要树立全国一盘棋观念，要从整个国家的角度考虑人口的空间布局。因为东部地区良好的资源禀赋和坚实的经济发展基础，城市化程度较高，人口承载力较大，这就需要国家调整现有政策，让东部良好城市框架基础承载更多的流动人口，而不是让各省各市县各自为战，重打锣另开张，进行所谓的按户籍人口就地城镇化。因为现有的流动人口绝大多数是中部六省的人口，中部六省有一个共同特点就是既是人口大省，又是城镇化率低的省份，同时还是粮食主产区，如果中部六省的流动人口不能在东部沿海现有的打工地安家落户，而是返回既是粮食主产区又是城镇化率低的家乡，进而实现户籍人口的就地城镇化，必然导致东部现有的城市基础设施的浪费，也会造成中部城镇化过程中的大量占用耕地，危及粮食安全。因此，新型城镇化一定要站在全国的角度，树立全国一盘棋的观念。

三要算细账。新型城镇化到底需要多少钱？要回答这个问题离不开算细账。算好细账至少牵涉到以下几个方面：一是新型城镇化各方面的详细成本；二是东中西部城市和大中小城市需要市民化的人口规模与比例导致的成本差异；三是动态化的城镇化进程及其不同阶段的成本的差异；四是财政提供公共产品的方式不同而导致的成本差异。

首先，从新型城镇化包含的成本类别来看，住房成本是最大的成本，农民工在城镇的住房拥有率十分低下，农民工能否在城市安家落户关键在住房。因此，算好两三亿农民工市民化过程中的住房成本事关新型城镇化战略的成败。此外，随着农民工的市民化，原有的养老、医疗、教育、就业、培训等支出标准都会大大提高，这些成本是因为同城同权带来的。对这些新增成本或提高标准的成本核算，可以通过现有城镇人口的成本范围和标准与农民工对比来核定。

其次，新型城镇化成本在不同区域和不同规模城市之间的差异十分明显。要细化成本核算，有必要区分不同地域和不同规模城市之间的成本差异。一般来说，一二线城市和东部发达地区的城镇化成本较高，三四线城市和中西部地区的城镇化成本较低，这在住房这一最大成本上的表现尤为明显，因此，有必要算清不同区域和规模的城市需要转移的人口规模。

再次，新型城镇化的成本在不同的阶段存在明显差异，10 年前城镇化的成本明显低于目前的成本，尤其是住房成本更是如此，由于当前房价处于高点，相应地目前城镇化成本明显提高，如果房价回归到合理水平，城镇化的成本就会大大降低。同样，目前的工资水平、资源价格都处于高点，这些都是抬高城镇化成本的重要因素。

最后，财政提供公共产品的方式也是导致城镇化成本差异的重要原因。以住房这一最大成本来说，如果是政府通过建设保障房的方式提供，则成本较大；如果是通过政府购买服务的方式，即通过购买市场上空置房屋的租赁权进而提供给农民工的方式提供，则成本会大大降低。这对教育、医疗、培训等方面的成本核算也同样适用，政府通过购买服务可以少花钱多办事，有效降低新型城镇化的成本。

四要算小账。新型城镇化的实质是人的城镇化。计算新型城镇化的成本不妨从农民工小家庭市民化的视角出发算小账。从人的角度计算新型城镇化成本包括两部分成本，一是农民工个人支付的成本；二是国家财政承担的成本。从农民工个人承担的成本来看，又包括日常生活成本和住房成本。日常生活成本是指农民工市民化后的日常开支成本，它包括在城市生活的人均交通、衣食消费和事务开支等方面的成本。可以先算出农民工所在城市居民家庭的人均生活成本，再算出农民工在该城市的年人均消费性支出，前者减去后者，即可得到农民工市民化以后的日常生活成本。城市住房成本是指农民工所在城市人居居住面积及其房屋均价计算出的成本。

从财政承担的公共成本来看，包括社会保障成本和基础设施成本。社会保障成本是指为保障农民工市民化以后在城镇的基本养老、医疗、工伤等社会保险而必须投入的最低资金。可以先计算出农民工所在地城市市民的人均社会保险支出，然后再乘以农民工在该城市的工作年限。基础设施成本是指为了满足城市物质生产和人们正常生活的需要而必须保障的交通运输、能源、水电、文化娱乐、环境卫生等的最低费用。通过计算农民工所在地的城市基础设施投资，进而计算出每年的平均水平，再除以该城市的人口数量，这样可以计算出该城市的年平均基础设施投资额，即该城市每年新增一个人口所需要的基础设施的成本。

在算小账的过程中，要对农民工的家庭人数和年龄结构根据统计数据进行数理回归分析，要计算出农民工家庭的人口中位数和年龄中位数，分别按照农民工在乡镇、县城、地市级城市以及省城和一线城市的落户概率进行计算，进而得出各种可能的具体成本。

五要算明账。通过上述不同角度算出新型城镇化的成本之后，最关键的还要算好一笔账，即要算清楚这些成本如何在农民、企业、地方政府以及中央政府之间进行分摊的问题，这就是要算明账的问题。可以说，算好明白账，构建新型城镇化成本分摊机制是新型城镇化战略顺利实施的中心环节。在构建新型城镇化成本分摊机制的过程中，要严格按照公共产品的属性来区分政府和市场的责任，与此同时，还要区分区域性公共产品与全国性公共产品，进而明确中央政府和地方政府的不同责任。

具体而言，农民工要承担其在城市正常生活的日常开支成本，即在城市生活的人均水、电、气、交通、通讯、食物开支等方面的成本，以及在养老、医疗、失业等社会保障成本中的个人支出部分。农民工所在企业要基于“同工同酬、同工同权”的原则，正视农民工正常的劳动合同、工资待遇、福利保障等基本权利，严格按照国家标准与行业要求，为农民工提供必要的劳动保护条件和职业病防治措施，改善农民工的工作环境，重视企业的人力资本投资，加强农民工的技能培训素质提升，并给予农民工必要的交流与晋升机会，逐步增强农民工的市民化能力。中央政府要对支出压力较大、外部性较强、跨省农民工在城市定居意义重要的领域进行补助，即重点在公共卫生和计划生育、子女义务教育、就业扶持、社会保障等方面，加强对于农民工流入省份的补助，特别要加大对农民工流入集中地区公租房等保障性住房建设的补助。省级政府则重点对省内跨市县迁移的农民工公共服务投入提供支持，加强对农民工流入城市的补助，主要用于支付农民工市民化的医疗、社会保障等成本，重点用于支付农民工廉租房等住房成本支出。流入地城市政府主要承担农民工市民化过程中扩建城市所引致的功能设施、社会设施以及市政基础设施的投资成本，以及本辖区内农民工市民化的公共服务支出，重点负责廉租房等保障性住房建设的大部分投入。

关于PPP模式进行基础设施建设融资中两类置换功能的认识

——防范PPP运行中政府债务扩张或延迟积累潜在风险

赵福昌

“城镇化是扩大内需的最大潜力”。基础设施建设是城镇化建设（还有公共服务、产业等）的重要内容，当前新型城镇化在全国轰轰烈烈推进，为城市基础设施融资提出了巨大需求，受限于传统融资渠道和规模，创新城市基础设施融资模式，推进城市基础设施融资多元化，特别是公私合作（PPP）模式，成为各方讨论的热点。但是，需要格外注意的是PPP模式在实现基础设施融资目标的同时，也存在扩大或延迟政府债务进而积累财政风险的潜在隐患，以至于《关于制止地方政府违法违规融资行为的通知》（财预［2012］463号）也明确规定“切实规范地方政府以回购方式举借政府性债务行为”。本文就基础设施融资多元化背后的财政关系，以及如何发挥公私合作伙伴机制在基础设施建设中的优势而防范潜在的财政风险，谈一些初步认识。

一、基础设施融资模式创新的理论认识

在城市基础设施属性认识方面，经过萨缪尔森、布坎南、戈尔丁和科斯等的研究和发展，逐步形成了当代公共物品理论和项目区分理论。根据公共物品理论，一般以消费的非竞争性和非排他性为标准，将城市基础设施分为纯公共物

品、准公共物品和私人物品；项目区分理论，按照项目是否有收费机制，是否有资金流入，有无收益作为标准，一般把城市基础设施分为非经营性项目、准经营性项目和纯经营性项目。城市基础设施按公共物品和项目区分理论属性分类如表1所示。

表 1

分类	项目属性	公共项目实例	投资主体
私人物品 （纯经营项目）	消费的排他性和竞争性 （市场机制可有效调节）	电力、自来水、收费高速公路、污水处理等	私人、社会资
本准公共物品 （准经营项目）	消费不完全非排他性和非竞争性 （有收费机制但无法收回成本）	地铁、轻轨等	政府适当补贴 吸纳各项资本
纯公共物品 （非经营项目）	消费非排他性和非竞争性 （无收费机制）	开放式公园、绿化，敞开式城市道路等	政府

私人物品的消费具有排他性，可以通过市场机制来有效提供。准公共物品则因为消费的非竞争性存在，单纯依靠市场机制无法完全发挥作用，必须依靠政府补贴或由政府主导来向社会提供。纯公共物品是针对全社会的开放型消费，市场机制存在失灵或缺位现象，只能由政府作为投资主体。

根据城市基础设施项目属性，以及可用工具，融资渠道分类如表2所示。

表 2

<table>
<tr><th colspan="2">公共产品属性</th><th>准公共品</th><th>私人产品属性</th></tr>
<tr><td colspan="2">财政（预算、资产变现）</td><td rowspan="5">公私合营（PPP）</td><td>银行</td></tr>
<tr><td colspan="2">开发性金融</td><td>资本市场（股票、债券）</td></tr>
<tr><td rowspan="2">债务</td><td>国债、主权外债</td><td>信托</td></tr>
<tr><td>地方政府融资平台</td><td rowspan="2">投资基金</td></tr>
<tr><td colspan="2">（有现金流项目）可 PPP</td></tr>
<tr><td colspan="4">资产证券化（盘活存量资产）</td></tr>
</table>

根据公共和私人产品的属性，私人产品属性的基础设施项目融资只有通过私人融资渠道解决，这样既有效率又能体现成本与受益的统一；纯公共产品的提供，则主要依靠公共的融资渠道解决；对于准公共产品或具有现金流的纯公共产

品可以考虑公私合营的方式融资。当然，无论是公共和私人都可以考虑存量资产证券化来融资，这里不做分析。

二、城市基础设施融资 PPP 模式与财政关系

基础设施由于其具有公共品性、垄断性等属性，政府具有提供的责任，但是如何融资，则根据基础设施的收费机制、资金流入和收益情况等来确定。中国传统意义的基础设施建设，一直是以政府投资为主的，包括财政直接投资、财政国债投资（地方政府不能发债）、主权外债（国际金融机构和外国政府贷款）、地方政府融资平台（政府性债务）以及开发性金融等，不是政府直接投资，就是政府（财政）背后担保的，从这个意义上说，都是政府性投资。但是，这部分资金都不能过于突破相应的预算约束，资金规模有限。

当前新型城镇化推进中，"城镇化是中国未来扩大内需的巨大潜力"，为基础设施融资提出了需求；但同时传统的预算、政府债务及开发性金融规模有限，而政府通过融资平台发行的债务积累了较大财政风险①，化解财政风险需要规范清理地方政府融资平台，所以需要我们另外寻找思路；再者随着我国市场化趋向的投资管理体制改革深化，逐步放款民间资本的介入公共领域的范围，为城市基础设施融资多元化提供了可能。这样就为新型城镇化过程中利用 PPP 模式为基础设施建设融资准备了条件。

PPP 模式相对于政府财政而言，可以说实现两大职能置换（目前少有这方面研究，在此提出个人定义）：一是原来只有依靠财政融到资金才能开建的项目，现在可以通过 PPP 模式下的私人出资财政尚无资金对应的情况下就可以建设，将建设时间提前我们称之为时间置换功能；二是原来必须由财政出资的项目，现在可以通过 PPP 模式下的项目现金流来实现项目的成本和合理收益的弥补，而不需要财政出资或形成政府债务，我们称之为价值置换功能。时间置换是所有的 PPP 模式都可以达到的，但是项目却不一定都有现金流，这样就存在着项目可以提前私人建设却没有现金流而最终还得形成政府性债务的可能，从财政角度看，

① 改革开放以来，政府融资平台建设到现在经过了三次规模扩张，由于管理机制不健全、不到位，积累了不小的债务风险，从而国务院要求规范清理。

PPP 模式与政府性债务关系密切，利用好 PPP 融资需要看其背后的财政实质，即城市基础设施融资多元化的首要问题是否增加地方政府性债务负担。公私合营（PPP），“公”是指公共融资方式，是以公益为目标，“私”是指私人融资方式，以盈利为目标，如何在这两者之间合作，是否增加地方政府债务，取决于公私合营的项目，需要有一定的现金流或盈利性。

PPP 模式最大的好处就是，当期政府财政没钱建的项目可以通过公私合营的方式先由私人出资建起来，通过时间置换达到提前建设的目的，对于解决城镇化过程中基础设施融资问题具有重要意义。但是这种融资方式是否能够真正解决问题，需要看其财政实质，即能够实现价值置换，项目是否具有现金流。

（一）项目没有现金流或盈利性

如果项目没有现金流或盈利性，表明需要政府财政出资，这样，不管建设方式如何，最终还是要财政负担，就融资形成债务性质上与传统财政来完成基础设施融资没有差别，解决不了财政负担问题。进一步说，只有时间置换不能实现价值置换，虽然在财政没有钱的情况下利用私人资本启动了基础设施等的建设，但背后仍然是政府财政的负债或负担，而且，这种情况下，还会使政府（财政）的债务延迟体现，或者使地方政府限于预算约束不能“举债”的限制通过这种方式得以规避而又能“举债”，潜藏着比较大的财政风险。

比如某市通过 PPP 模式建设规模 2000 万元的污水处理厂，由于项目收益有限，需要政府财政每年补贴其 400 万元。这种公私合营项目就需要注意其中的财政债务风险问题，如果确实超过承受能力，政府（财政）可以考虑缓建，但是通过 PPP 模式建起来，就增加了政府日后的债务。对于一些政府完全以回购为基础、通过 PPP 模式建设的项目，那就完全成为日后政府（财政）的债务负担，是纯粹的延缓了债务体现的时间和形式，扩张了政府债务规模，潜藏着比较大的政府债务风险。

（二）项目有现金流或盈利性

项目可以通过特许权经营等方式，使项目建设方通过项目建成后的收益来收回成本，这样，政府就可以不用出资金，就把基础设施建成，并在特许权经营到期后回归政府。虽然，从另一个角度，对于特许权经营收入，实际上资金还是政府财政出的，只是延迟了支付了项目的建造款，或者说，如果财政当期出资建成，也可以在未来收回投资。由此可以看出，财政出资或公私合营并没有改变长期中的财政总资金状况或增加财政负担，但是却改变了城市基础设施建设的时间路径，在财政没钱的时候，财政直接出钱就没法建，但是通过公私合营就可以建设，只是成本补偿在项目建成后的特许经营中收回。所以，这种情况下，通过 PPP 模式，既能实现时间置换而提前由私人开工建设，又能实现价值置换而没有形成或增添政府财政负担，把基础设施项目建起来，在当前地方政府性债务风险日益增大的情况下，这种利用公私合营 PPP 的模式是我们需要或提倡的。

（三）项目有现金流或盈利性但不能弥补成本

这样的项目就是介于情况（一）和情况（二）之间，在符合政府财政风险管理的情况下，可以通过财政一定的补贴，通过公私合营的方式来完成基础设施的融资建设。

三、从财政角度看利用 PPP 模式进行城市基础设施融资的建议

可见，项目是否具有现金流或盈利性决定了项目进行 PPP 融资的财政实质不同，放在我国地方政府融资平台为主形成的规模比较大的政府性债务、2013 年审计署又要全面摸底对地方政府债务高度重视的背景下，合理利用 PPP 模式进行基础设施融资建设，建议如下：

（一）合理利用具有现金流项目的 PPP 模式融资，解决城市和城镇化中基础设施融资问题

这种项目通过 PPP 模式融资，既具有时间置换可以提前由私人开工建设，又可以实现价值置换，通过项目自身的现金流来弥补私人投资建设者的成本和预期的收益，不会形成新的财政负担或政府性债务。

就要十分注意项目现金流产生的方式。一是基础设施服务收费，如高速公路、垃圾处理的收费等；二是注意开发基础设施衍生价值，比如高速公路上可以开拓的传媒、广告费的收入等；三是要注意基础设施项目的多种使用价值，如电

视塔可以旅游观光等；四是关注项目溢出效应产生的使用价值，如土地增值收益；五是项目绑定或植入其他产品产生的使用价值，如附加广告等收益，副产品的使用价值，如长江深水航道工程，泥沙可造地等。

（二）审慎利用缺乏现金流项目的 PPP 融资模式，避免形成地方政府性债务的隐性扩张或延迟体现，进而积累地方政府性债务风险

在地方政府性债务风险压力不大的情况下，可以合理考虑地方政府性债务的承担能力，合理使用只能时间置换不能实现价值置换的项目 PPP 融资模式，在合理地限度内实现基础设施的及早提供。

但是，对于已经积累巨大财政风险的地方政府，由于使用 PPP 模式可以通过私人出资提前建设，但项目缺乏现金流支持，进而最终还得财政负担，形成政府性债务。这种情况下，从另一个角度看，或者进一步说，就是政府性债务通过这种 PPP 模式是隐性扩张或延期体现了，考虑到地方政府预算约束不够严格而产生的短期行为以及当前不少地方政府积累了巨大的政府性债务风险，这种情况下的 PPP 模式要审慎使用。

对于这类项目，应该考虑现代经济社会发展的需要，充分挖掘项目的现金流渠道，为项目的 PPP 模式融资创造现金流条件，而不是着眼点不要简单盯在融资上。

后　　记

中国财政科学研究院（原财政部财政科学研究所）历来重视理论与实践相结合，坚持学以致用，紧紧围绕经济社会重大现实问题开展理论与政策研究。2013 年下半年至 2014 年上半年，财政部财政科学研究所在财政部党组领导下，认真学习领会党的十八大和十八届三中全会精神，坚持为中心工作服务、为现实服务的科研工作指导方针，承担了近 20 项由国务院、中央办公厅、财政部交办或业务司局及其他方面委托的应急研究任务，完成了 23 项计划课题，参与了一系列由中央有关部委、金融机构及地方政府委托的研究项目，撰写并发表了近 200 篇《财政研究报告》和《财政研究简报》，为我国财政发展和体制机制改革创新提供了重要的智力支持。

在上述科研成果的基础上，我们以《稳中求进的财税政策选择》、《城镇化、债务融资与风险防控》和《建立现代预算制度研究》为题精选了一批有分量、有影响的研究成果，分三册结集公开出版，以期进一步扩大本院科研成果的社会影响力。

此次三本文集的编选由院组织策划，龙艳萍处长、马洪范研究员等具体承担完成。在本文集出版之际，谨向对中国财政科学研究院研究工作给予支持和帮助的财政部及部内有关业务司局领导和工作人员，以及中国财政经济出版社的领导和责任编辑，表示衷心的感谢。对文集编辑中可能出现的疏漏与错误之处，恳请广大读者批评指正。

编　者

2016 年 3 月